Melle | Bilder von uns

Theater der Gegenwart

Thomas Melle

Bilder von uns

Stück

Nachwort von Carlo Brune

Reclam

RECLAMS UNIVERSAL-BIBLIOTHEK Nr. 14203
2021 Philipp Reclam jun. Verlag GmbH,
Siemensstraße 32, 71254 Ditzingen

Lizenzausgabe mit freundlicher Genehmigung
der Rowohlt Verlag GmbH, Hamburg

Gestaltung: Cornelia Feyll, Friedrich Forssman
Druck und Bindung: Eberl & Koesel GmbH & Co. KG,
Am Buchweg 1, 87452 Altusried-Krugzell
Printed in Germany 2021

ISBN 978-3-15-014203-5
www.reclam.de

Personen

JESKO
MALTE
JOHANNES
KONSTANTIN

LEHRERIN (KATJA)
BETTINA
SANDRA

BEAMTER
REPORTER

STIMMEN UND KÖRPER

1

Was habe ich erlebt. Weiß ich nicht. Keine Ahnung. Was habe ich erlebt? Wissen Sie, was Sie erlebt haben? Ich nicht. Ich meine das nicht im erkenntnistheoretischen, philosophischen Sinne. Ich meine das wirklich im lebensweltlichen Sinne, als Grundlage unserer Erfahrung, nein, *als* unsere Erfahrung. Habe ich gestern ein Brot gegessen, oder was? Ja, glaube schon, Käse drauf, und Gurken. Oder was. Was erlebe ich gerade? Ich kann mein Denken zum Gegenstand machen oder meine Schulterschmerzen. Oder vielleicht ein Jucken hinterm Ohr, das gerade nicht da war, oder das Schaben der Hose an meinem Knie. Oder eben meine Vergangenheit. Wie steht das eigentlich genau mit der Entfremdung von Freund X? War ich da der ausschlaggebende Nervfaktor, oder er? Und sind wir überhaupt entfremdet? Neulich im Kino, war das so wie früher, oder war das so wie immer, oder war das anders und wird nie mehr besser? Das wird, je genauer gedacht, umso mehr zu einem gallertartigen Ding ohne Rand oder Grenze. Leben wir vielleicht in einem ziemlich abscheulichen, menschenverachtenden und -vernichtenden System, und unsere Enkel werden uns einst fragen: Wusstet ihr davon? Was habt ihr gemacht? Natürlich nicht. Nein. Oder? Oder doch? Kann ich mir so sicher sein? Was hat meine Jugend mit mir gemacht? Bilder kommen in mir hoch, sobald ich an diesen Komplex denke, Bilder, vor denen ich ausspucken möchte, die mich auffressen, dabei bin ich doch selbst drin in diesen Bildern. Ich bin Teil des Bildes. Will ich mich also selbst ausspucken? Dann wieder: Stimmt doch alles gar nicht, ist doch übertrieben, bin gerade selbst hysterisch. Dann wieder: Glück gehabt.

Dass ich kein Opfer war, ist nur Zufall. Dann: Nein, gut, Opfer schon, Opfer des Gesamtsystems. Ein Rädchen, das manchmal immerhin stockte. Das kleine Sandkorn im Getriebe, das ich war, konnte nicht genügend Reibung erzeugen. Dann, also doch: Ich konnte mich nie binden, und ich konnte mich nie entwickeln. Schuld war die Schule. Würden andere an meiner Stelle sagen. Ich kann solche Sätze nur wie ein Schauspieler aussprechen, als Rollenmaterial. Denn alles, woran ich mich erinnere, ist fiktiv und muss mit jeder Vergegenwärtigung neu erschaffen werden. Ist es also meine Imagination? Ist meine Imagination schlimm? Wird es erst schlimm durch meine Imagination? Jedes Mal, wenn man aus dem Schlaf erwacht, sucht sich das Gehirn die Stücke der empirischen Person neu zusammen. Wäre reiner Zufall, wenn dabei jedes Mal das Gleiche herauskäme.

Was habe ich also erlebt. Hä? Was habe ich erlebt.

2

Bremsgeräusch.

– Der Zufall wollte es, dass Jesko Drescher, gleich nachdem er die lebensvernichtende Bildnachricht erhielt, von einem Radargerät geblitzt wurde. Das Foto, mit dem Bußgeldbescheid später zugeschickt, zeigte sein unscharfes, doch erkennbar fassungsloses Gesicht beim Blick hinunter auf das Display seines Smartphones, um ihn herum das verschwommene Grau der Straße, unten, erleuchtet, das Nummernschild.

– Die Tatsache, dass er ein, zwei Sekunden später fast von

der Straße abgekommen wäre und einen womöglich verheerenden Unfall gebaut hätte, wird dagegen von keinem Bild eingefangen.

– Diese Tatsache, eigentlich nur die Möglichkeit einer Tatsache oder die Tatsache einer Möglichkeit, besteht allein in seiner Erinnerung und vielleicht noch in den verblassten Empörungen der Lehrerin und ihrer Zöglinge, die fröhlich lärmend in Dreierreihen auf dem Bürgersteig unterwegs waren, als Jesko auf sie zuschoss.

– Sicher hätte es einige von ihnen erwischt, wenn er nicht im letzten Augenblick das Lenkrad herumgerissen hätte und mit einer nicht sehr spektakulären, doch verräterischen Kurskorrektur seinen Jeep wieder auf Spur gebracht hätte.

– Er geriet nicht ins Schleudern.

– Anstatt jedoch einfach weiterzufahren, beherrscht und kaltschnäuzig, wie es sonst seine Art war, drückte Jesko abrupt auf die Bremse. Vielleicht waren es selbst für ihn zu viele Adrenalinstöße gewesen, die sein System nun auf Überlebensmodus herunterfuhren und ihn dazu drängten, sich selbst vorübergehend und instinktiv die Zulassung als Verkehrsteilnehmer zu entziehen. Der ansehnliche Bremsweg rieb sich quietschend in die Straße und endete unmittelbar vor einer Ampel, die gerade auf Rot schaltete.

– Jesko bugsierte den Jeep so elegant wie möglich an den Straßenrand. Dann wischte er sich über Stirn und Augen und versuchte, wieder zu sich zu kommen. Was war soeben geschehen?

– Bild, Blitz, Schleudern. Und jetzt Stillstand.

– Ja, so war es gewesen.

– Das Smartphone hielt er noch immer in der Hand, darin das Bild.

3

LEHRERIN. Können Sie nicht aufpassen, Mann! Immer aufs Telefon gaffen. Sie hätten die Kinder fast umgefahren!

JESKO. Ja, ich – Entschuldigung.

LEHRERIN. Passen Sie halt auf!

JESKO. Mache ich ja.

LEHRERIN. Machen Sie nicht.

JESKO. Jetzt hören Sie mal. Es ist ja nichts passiert.

LEHRERIN. Zum Glück! Die Kinder sind ganz verschreckt! Scheißtelefone überall! Verbieten sollte man die.

JESKO. Was?

LEHRERIN. Die sind verboten beim Fahren. Das ist ein Delikt.

JESKO. Jetzt halten Sie mal die Luft an. Ich hatte alles unter Kontrolle, habe ja gebremst.

LEHRERIN. Aber wie so ein Irrer, mit Ihrem Panzer hier.

– Ein »Panzer« also, der Neid der unteren Mittelschicht sprach. Einfach nicht widersprechen. Einfach ins Leere laufen lassen.

LEHRERIN. Haben Sie dazu nichts mehr zu sagen.

(Jesko schüttelt den Kopf.)

LEHRERIN. Na ja. Haben wir noch mal Glück gehabt, was. Aber passen Sie auf, sage ich Ihnen, passen Sie auf.

JESKO. Mache ich. Versprochen.

– Tatsächlich schien die Lehrerin langsam zum Rückzug bereit. Der skeptische Blick durchwanderte noch einmal den Innenraum des Jeeps, die Lederbezüge, das Touchscreenradio, die ganze trockene Wohlfühl-Atmosphäre, und blieb am Smartphone hängen.

– Jesko hielt es noch immer schlaff in der Hand wie eine fremde Fernbedienung.

LEHRERIN. Was ist das denn.

JESKO. Was.

LEHRERIN. Na, das.

– Er verstand erst nicht, dann sofort. Er wollte etwas sagen, doch sie kam ihm zuvor.

LEHRERIN. Sind Sie einer von der perversen Sorte, oder was?

JESKO. Hören Sie, das ist –

LEHRERIN. Ich weiß schon, was das ist. Ich hole die Polizei.

JESKO. Sie wissen gar nichts.

LEHRERIN. Und ob. Das ist sicherlich nicht Ihr Sohn.

– Sie hielt ihr Handy ebenfalls in der Hand, aber wie ein Küchenmesser.

JESKO. Nein, ist es auch nicht.

LEHRERIN. Auch noch so unverblümt.

JESKO. Sie wissen nichts darüber, und alle Ihre Annahmen sind falsch. Ich werde jetzt weiterfahren.

LEHRERIN. Sie bleiben schön hier.

JESKO. Nein.

LEHRERIN. Doch. Mein Tag ist gelaufen.

– Sie hob ihren Nokiaknochen ans Ohr und machte umständlich Anstalten, die Polizei zu rufen. Sie wollte Jesko offensichtlich noch Gelegenheit geben, sich zu erklären. Sicher war sie sich nicht.

JESKO. Also gut. Soll ich Ihnen sagen, wer das ist?
LEHRERIN. Ja.
JESKO. Das bin ich.
LEHRERIN. Wie, das sind Sie.
JESKO. Ja, ich. Der Junge da bin ich.

– Diese Worte waren ihm selbst neu. So konsequent, wie er sie aussprach, hatte er sie noch gar nicht zu Ende gedacht. Er sah ihr an, dass sie ihm sofort glaubte, obwohl sie es nicht wollte. Sie ließ das Handy sinken.

LEHRERIN. Und – das – wofür haben Sie das?
JESKO. Das ist mir selbst neu, wissen Sie. Und ich weiß nicht, was ich damit machen soll.
(Pause.)
LEHRERIN. Soll ich Ihnen irgendwie –
JESKO. Nein, danke. Ich fahre jetzt los.
(Die Lehrerin nickt verständnislos.)
LEHRERIN. Okay.
JESKO. Alles Gute Ihnen. Und Ihren Kindern erst recht. Guten Abend.
(Jesko weg.)
LEHRERIN. Was war denn *das*? Sich selbst als Junge auf dem Handy?
Ist das jetzt der letzte Schrei in Sachen Narzissmus, oder was.

Wie hübsch und kaputt die alle sind. Dorian Gray, im Smartphone verewigt.
So hübsch. Sehr hübsch, wirklich. Aber warum so kaputt?

4

Projektion.

– Man sieht die Jahre, die inzwischen vergangen sind, in den aufgequollenen Farben, den verwaschenen Konturen, Weichzeichner der Vergangenheit, Gelbstich der Achtziger. Mehr Sonne scheint zu scheinen, als eigentlich schien; es hieß, es sei die letzte Sonne, damals, ein glühendes Kraftwerk, das entropisch ausbrennt, dort oben im Blauen, ein GAU am Himmel.
– Doch eigentlich schien nicht so viel Sonne, wie es hier scheint, auf diesem Bild, da, wie sie sich im Gebüsch verfängt und in den losen Zügen dieses Jungen aufgleißt, der noch kein Gesicht hat unter seiner verschnittenen Frisur.
– Aber er hat doch ein Gesicht.
– Er hat die Anlage zu einem Gesicht, alles noch ganz lose und weich. Ein Windstoß, und es fliegt auseinander. Knetbar ist es, in der Mache. Noch kein Gesicht. Noch nicht festgebacken.
– Wir hatten alle noch kein Gesicht.
– Aber der Körper war schon bekannt. Der Körper wurde sondiert und besetzt, von fremden, erwachsenen Augen. Griechische Schule.
– Schwule. Griechische Schwule.
– Es ist eine Frage der Ästhetik. Es ist eine Frage der ge-

schmacklichen Bildung. Wer Geschmack hat, sagte Stein, setzt den Blumentopf hierhin. Goldener Schnitt. Zack. Wer Geschmack hat, inszeniert die Körper wie antike Statuen. Epheben. Kouros. Kontrapost. Symmetrie und Frontalität. Das ist Bildung und eine Frage der Ästhetik.
– Aber wieso nackt?
– Tradition. Das sind klassische Posen.
– Ich habe kein gutes Gefühl dabei. Nein, gar nicht.
– Dann verdräng es. Das sind wir uns schuldig.

5

Jesko, zuhause, betrachtet das Bild auf dem Handy. Bettina kommt hinzu. Er versteckt das Bild, nicht zu aufgeregt, aber angespannt.

BETTINA. Ist was?
JESKO. Wo ist Hugo?
BETTINA. Bei Reimo.
JESKO. Und Magda?
BETTINA. Auch.
JESKO. Die Nacht durch, bis morgen?
BETTINA. Slumberparty, weißt du doch. *(Mit Blick aufs Telefon.)* Schlechte Nachrichten?
JESKO. Was heißt schon schlecht.
BETTINA. Nicht so ganz positiv, vielleicht?
JESKO. Die Bezahlschranke. Der Vorstand wehrt sich noch immer. Oder eher: die Verlegerin. Keine Zähne im Maul, aber am Alten festbeißen.
Aber sonst alles gut.
BETTINA. Gut ist gut.

JESKO. Und bei dir?

BETTINA. Nichts zu klagen. Seit Niemann weg ist, herrscht in der Kanzlei die reinste Harmonie.

(Kuss.)

JESKO. Und wir jetzt? Auch Slumberparty?

BETTINA. Erst Theater.

JESKO. Schon wieder Familienkatastrophen?

BETTINA. Warum nicht.

JESKO. Mir kommt das so gekünstelt vor. Immer sitzen sie da und sind steif und glücklich, dann saufen sie, dann kommt eine Katastrophe zu Tage, dann tanzen irgendwelche Gespenster der Vergangenheit, und schließlich zerfleischen sie sich wie Zombies. Und die Zuschauer gaffen, finden ihr eigenes Leben womöglich widergespiegelt wieder, aber halt, stopp – ihr Leben haben sie ja an der Garderobe abgegeben und kurzfristig outgesourct, weshalb sie sich jetzt schön kathartisch durchnudeln lassen können. Dann stehen alle auf, sind schockiert und satt und ziehen sich ihr Leben wieder an. Einfach sehr weit weg, das alles, wenn du mich fragst.

BETTINA. Es unterhält und belebt das Gespräch.

JESKO. Aber das hat nichts mit dem Leben zu tun. Das Leben ist viel flacher und komplizierter. Das Leben ist vor allem Gerede.

BETTINA. Ziehst du dich um oder bleibst du im Anzug?

JESKO. Vielleicht zieh ich mich um.

BETTINA. Liegt auf dem Bett. Bis gleich.

(Bettina ab.)

JESKO. Danke.

(Jesko zieht sich um, betrachtet dabei immer wieder das Bild in seinem Handy.)

– Jesko begann, ein Geheimnis zu haben. Ein Geheimnis ist ein innerer Ort der Einsamkeit, der sich ausbreiten kann wie ein Brandherd, wenn man ihn lässt. Der Dorn war jetzt in seiner Seite. Schnell würde er sich entzünden und schwären.
– Wieso redest du auch nicht, Jesko?
– Was siehst du denn da?
– Zeig mal.
– Das bist wirklich du, oder?
– Wieso so jung?
– Wieso so nackt?
– Du weißt es doch.
– Wer hat das gemacht?
– Wer hat das geschickt?
– Ist das eine Erpressung?
– Und warum redest du nicht?

6

Jesko und Bettina im Theater, Malte schon dahinter. Es wird heller, der Vorhang geht demnach auf. In schneller Frequenz durchspielen sie verschiedene Sitzpositionen und Haltungen zum gesehenen Stück, im Zeitraffer. Erst wird es dunkel, dann wieder hell. Sie applaudieren, recht zufrieden mit der Aufführung. Gemurmel, Gespräch, Sektgläser. Auftritt Malte, mit einem Sektglas in der Hand.

MALTE. Nein! Wer ist denn da!
JESKO. Nein! Wer ist denn *da* da!
MALTE. Der helle Wahnsinn. Der Drescher.

JESKO. Der helle Wahnsinn! Der Carlowitz.

MALTE. Der helle Wahnsinn. Hey, Bettina.

BETTINA. Hey, Malte.

MALTE. Der helle Wahnsinn.

(Küsschen links, rechts. Umarmung der Männer.)

JESKO. Der helle Wahnsinn. Seit wann lässt man dich denn ins Theater?

MALTE. Seit es seine Würde verloren hat.

JESKO. Stimmt, da passt du hin.

MALTE. Wir nehmen uns da nichts.

BETTINA. Seid ihr noch im Stück?

JESKO. Waren wir je draußen?

BETTINA. Färbt wohl ab, die Bühne.

MALTE. Ich habe euch schon gesehen, drei Reihen hinter euch. Ihr seht reizender aus denn je. Vor allem von hinten.

BETTINA. Solange du uns noch sehen kannst, hast du nichts zu befürchten.

MALTE. Bettina, du bist atemberaubend, wirst aber immer mehr wie dein Mann.

BETTINA. Andersrum, er wird wie ich.

MALTE. Was aufs selbe rauskommt.

BETTINA. Aber etwas Grundverschiedenes ist. Und was dir den Atem raubt, ist nur dein Asthma.

MALTE. Ihr macht mir wieder Spaß.

JESKO. Wie fandst du's denn?

MALTE. Ja, wie fand ich's, wie fand ich's. Durchwachsen fand ich's.

JESKO. »Durchwachsen« ist auch so ein Nullwort.

BETTINA. Wieso *auch*?

MALTE. Wie fandst *du's* denn?

JESKO. *(Kurze Pause.)* Durchwachsen.

MALTE. Meine Rede. Bettinas Urteil wird da fundierter sein.
Wollen wir noch was trinken?

BETTINA. Nein, geht nicht, leider.

JESKO. Die Kinder.

MALTE. Schade.

BETTINA. Wirklich schade. Ich hole schon mal die Mäntel. *(Ab.)*

MALTE. Ja, leiden konnte sie mich noch nie.

JESKO. Was ein Quatsch. Wir müssen wirklich.

MALTE. Aber wir beide gehen mal einen trinken? Ist lange her.

JESKO. Auf jeden Fall.

MALTE. Ist ja auch viel passiert in letzter Zeit.

JESKO. Sicher. Wieso?
Was ist passiert.

MALTE. Matuschka?

JESKO. Was, Matuschka.

MALTE. Das weißt du noch gar nicht?

JESKO. Heiratet bald sein Supermodel, vertickt Real Estate an die Promis in Amerika. Alles beim Alten.

MALTE. Haha. Alles beim Alten. Alter. Der Drescher. Der helle Wahnsinn.

JESKO. Was denn?

MALTE. Matuschka ist im Gefängnis.

JESKO. Was.

MALTE. Ja.

JESKO. Weshalb?

MALTE. Die Sache mit den Kindern. Und den Bildern.

JESKO. Was?

MALTE. Ja, bitter. Skurril. Bodenlos.

JESKO. Wovon redest du?

MALTE. Die behandeln ihn jetzt wie einen Mörder da.

JESKO. Wie, Kinder, Bilder –

(Bettina kommt mit den Mänteln zurück.)

MALTE. Wo lebst du. Kriegst du nichts mehr mit, oder was? Zu viele Pressemeldungen?

BETTINA. So.

JESKO. Das müssen wir wirklich bald besprechen.

MALTE. Aber klar.

BETTINA. Was denn?

MALTE. Ein Schulkamerad von uns steckt in Schwierigkeiten. *(Sieht, wie Jesko abwiegelt.)*
Aber kein Ding. Geht um Hypotheken, Goldman-Sachs, so was.

BETTINA. Schon ein Ding.

JESKO. Aber nichts, das man nicht lösen könnte.

MALTE. Nein. Das gibt es eh nicht. Für alles gibt es eine Lösung.
Zumal für Leute wie uns.

JESKO. Du sprichst ein heikles Wort gelassen aus.

MALTE. Die Betty, der Drescher. Der helle Wahnsinn.

JESKO. Der helle Wahnsinn. Malter am Schalter.

MALTE. Haltet die Ohren steif. Und immer am Ball bleiben. Und flach halten, den Ball.
Dranbleiben und flachhalten.
Wahnsinn. Der Drescher.

7

Unter den Decken.

– In der Nacht konnte Jesko Drescher keinen Schlaf finden. Er schien etwas missverstanden zu haben. Er wusste nicht, was.

– Der Liebesakt mit seiner noch immer begehrten Frau hatte etwas von einer Performance, während derer er zugleich Darsteller und Zuschauer war. Das war nicht schlimm, aber ungewohnt.

– Er kam sich wie ein Lügner vor, der sich selbst beim Lügen betrachtete, schwitzend, unsicher, jede fahrige Geste ein Puzzleteil des Geständnisses, das als Gesamtes noch nicht begriffen war. Was hatte er zu gestehen?

– Als er nicht schlafen konnte, versuchte er, sich möglichst wenig zu bewegen.

BETTINA. Kannst du nicht schlafen?
JESKO. Doch.

– Die Decken lagen auf ihm wie etwas Tranchiertes, wie Carpaccio, dünn und feucht und kürzlich noch lebendig.

– Er schwitzte. Er war selbst Carpaccio. Er wollte sich nicht bewegen. Er wollte sich und ihr nicht eingestehen, schlaflos zu sein.

– Wie in eine Deckenhöhle seiner Kindheit wühlte er sich ein, schraubte sich durch das erst steife, dann feuchte Bettzeug, schraubte sich durch das Geflüster in seinem Kopf, langsam, in Zeitlupe, über Minuten. Unter seinen Augenlidern, die ebenfalls feine, hauchdünne Fleischscheiben waren, lagen die Pupillen gelähmt im Trüben.

BETTINA. Schsch. *(Umarmt ihn.)*
JESKO. Hm.
BETTINA. Hast du schlecht geträumt?
JESKO. Nein. Ich schlafe doch.

– Totes Fleisch war er, faserquer geschnitten aus der Seite des Herrn, filetiert und bereit jetzt zum Verzehr.
– Wie alt war er gewesen? Elf, zwölf? Dreizehn?
– Sofort hatte er den Park erkannt, die flachen Hänge, die Wiesen hoch zur Villa Dolorosa, wo die Sextaner wohnten, er einer von ihnen, und eines der Pferde war zu sehen auf dem Bild, in der Ferne, einer der Hengste, die Carvalho dann, so hieß es, und wie lange hatte er nicht mehr an Carvalho gedacht, was der jetzt wohl machte, Carvalho, der Pyromane, Carvalho, der stille Kim-Basinger-Spast, Carvalho, der blonde Portugiese mit eingesackter Haltung, undurchschaubar dümmlich – einer der Hengste also, die Carvalho eines Tages, genauer, eines normalen Nachmittags in der Mittelstufe, einfach so und aus dem Nichts mit einer gewöhnlichen Plastiktüte masturbiert und also abgemolken hatte, ihre Riemen regelrecht abgewichst, um dann mit dem Samen in der Tüte –

(Jesko schreckt leicht auf.)
BETTINA. Was ist denn.

JESKO. Nichts. Schlecht geträumt.
BETTINA. Hmhm. *(Schützt seinen Kopf.)*

– Und was war mit Matuschka? Hatte auch er eines dieser Bilder erhalten? War Matuschka deshalb ausgerastet? Waren diese Bilder vielleicht etwas zum Ausrasten? Und wenn ja, warum waren sie etwas zum Ausrasten?
– Warum, warum, warum. Wasauchimmer warum, dachte Jesko, wasauchimmer wie, und verscheuchte die Gedanken wieder, oder spielte es sich vor, tat so, als wenn er sie verscheuchen könnte wie lästige Fliegen. Aber die Scheiße, die die Fliegen anzog, war in ihm. Unter den Decken wurde es eng und nass.
– Es ist nichts, es ist ein Bild, es ist ein Bild von mir, von früher, ich bin das, wieso bin ich das, ich bin da nackt, wieso. Welcher Psychopath schickt mir überhaupt anonym ein derartiges Bild aufs Handy, das muss ein Psychopath sein, woher hat der Psychopath meine Nummer? Und wieso erinnere ich mich nicht? Woran?
– Klar erinnerst du dich.
– Du doch auch.
– Wir alle erinnern uns.
– Wir wollen es nur nicht.
– Ich weiß nicht, wovon ihr redet.
– Natürlich weißt du es.
– Die Scheiße ist in uns.

JESKO. Aber –
(Der Wecker geht. Es ist morgens.)

BETTINA. Guten Morgen.

JESKO. Guten Morgen.

BETTINA. Machst du Kaffee? Oder ich? Nein, du.

8

MALTE. Damals, in der Jugend, lange her, hatten wir überhaupt kein Gefühl für Zeit. Wir konnten unser Alter noch nicht einordnen, unser Leben nicht in Päckchen schnüren und Stück für Stück, wie es jetzt ist, als vergangen ablegen und wegschließen. Das Leben war, vom Bewusstsein her, eine Einheit; langsam nur gewann es Kontur und Geschichte; selten, fast nie, hätte sich ein Ich, älter geworden, mit sich selbst, seiner jüngeren Version verglichen und Unterschiede oder gar Widersprüche festgestellt. Älter geworden, ich bin älter geworden – das gab es nicht, wurde nur als Ironie ausgesprochen, jaja, man wird erwachsen. *Ich jetzt* und *Ich damals* waren identisch, als Unterscheidung unbegreiflich. Es gab noch keine Sprünge und Kluften, wie es sie heute gibt, wie sie jetzt vielleicht auf eine pervers-subtile Art wieder identitätsstiftend wirken. Dein Ich klebte so fest in dir, dass du es als Last empfunden hast: Du dachtest, du könntest dich nicht bewegen damit. Heute hättest du es gerne zurück, um, für einen Augenblick zumindest, stillzustehen, würdest die tausend Erinnerungsstücke und Ich-Fragmente gerne eintauschen gegen den Teenager dort auf dem Bild, der sich selbst, und das heißt dir, eine Last war, aber das wenigstens wirklich und ganz. Hörst du mir überhaupt zu?

Schreibtisch, im Gespräch.

JESKO. Entschuldigung, aber die Tatsachen sprechen für sich, da braucht es kein Schneegestöber, keine Sophismen. Sophismen.
(Erklärend:) Spitzfindigkeiten, Scheinargumente.
(Post wird geliefert, Jesko sieht sie durch.)
Doch! Die Bezahlschranke kommt eh, und wenn wir es als größte Gruppe im Land zuerst machen, ziehen die anderen umso schneller mit. Schauen Sie sich die Paywall der New York Times an: keine Einbrüche. Nein, das hier ist nicht Amerika, wer sagt denn das? Aber es ist Boulevard, da ticken die Leser anders. Die verstehen, dass die Umsonstmentalität keine Zukunft und kein Argument hat. Das versteht jeder Milchmann. Nur Sie nicht, anscheinend.
(Öffnet einen braunen Briefumschlag ohne Absender, darin Fotos.)
Welcher Ton? Ja, Entschuldigung! Hören Sie: Ich habe mit Waldner gesprochen. Der kann auch nicht immer nur privat reinbuttern vom Erbe. Linker Boulevard, was soll das überhaupt sein, Boulevard ist immer rechts, immer. Wir müssen die Ersten sein. Je schneller, desto besser. Spätestens zum Start der Bundesligasaison. Nachjustieren kann man noch immer. Fakten schaffen, wie damals! Okay. Bis später.
(Legt auf.)
Mann, ey.
(Allein. Betrachtet die Fotos. Greift zum Telefon. Legt es weg. Starrt mit leerem Blick wohin.)

10

MALTE. Dass der erste Verdacht ausgerechnet auf mich fiel, war natürlich eine Frechheit. Ausgerechnet ich. Ich, der distanzierte, aber treue Vasall. Ich, der ironische Begleiter. Der Gönner aus der zweiten Reihe, der die Kontakte nie abreißen ließ. Wieso sollte ich aus einem Versteck heraus Unheil stiften? Der Versteckte war doch vielmehr Jesko. Glorios in seinem Zugriff, erfolgreich seit je, doch in seinem Hinterkopf liefen stets andere Agenden ab. Er sah durch einen hindurch, erkannte alles, berechnete seinen Vorteil, ging schon den nächsten Schritt. Selbst ein Bier, das man mit ihm trank, war kein richtiges Bier. Es war ein Anlass, es war ein Requisit, es war ein *Mittel*. Ein Mittel zum unbekannten Zweck.

JESKO. Prost.

MALTE. Ebenso.

Also, Matuschka, in Amerika. Alles, wie du sagtest, schwangeres Model als Verlobte, Immobilien mit Brangelina. Und dann: Kinderpornos. Wurde von Google gemeldet. Schau dir die Bilder an im Netz. Matuschka, abgeführt wie der letzte Verbrecher, von so Cops, Kopf nach unten, Scheitel in Aufruhr.

JESKO. Krass. Wie man sich verlieren kann.

MALTE. Aber krass auch: wie man dann verurteilt wird. Wie so ein Mörder. Vertrackte Sache, aber das ist unverhältnismäßig.

JESKO. Ich weiß nicht. Ich kenne die Details nicht.

MALTE. Die erspare ich dir lieber. Hat auch heftig gechattet, der gute Matuschka. Mehr sage ich nicht. Schon durch. Schon echt pervers. Aber virtuell, rein virtuell.

JESKO. Und du hast da einen Brief drüber bekommen? Oder eine E-Mail?

MALTE. Tonke hat's mir erzählt. Aber eigentlich weiß das jeder. Nur du wirst wohl abgeschirmt.

JESKO. Ich werde nicht abgeschirmt.

MALTE. Sechs Jahre. Sechs Jahre Gefängnis. Auch noch in den USA. Das stellt man sich doch gleich ein paar Nummern brutaler vor, wie im Film halt. Der kriegt jetzt seinen Einlauf.

JESKO. Zu Recht.

MALTE. Entschuldige, aber das ist unverhältnismäßig.

JESKO. Du hast keine Kinder.

MALTE. Und? Vielleicht kann ich es deshalb besser beurteilen, unemotionaler.

JESKO. Man kann die Produzenten nicht dingfest machen, irgendwo in Russland, in Tschechien, was weiß ich – also muss man die Konsumenten bestrafen. Und zwar hart.

MALTE. Aber nicht wie Mörder.

JESKO. Seelenmord ist das. Schlimmer. Das ist das Letzte, das ist ohne Worte.

MALTE. Wenn ich mir ein Video im Netz anschaue, ist das etwas anderes, als wenn ich ein Kind tatsächlich anfasse.

JESKO. Es ist vermittelt dasselbe. Diese Bilder sind Vergewaltigungen, und wer sie ansieht, wird schuldig. Außerdem: »anfassen« – schon blühen die Euphemismen.

MALTE. Johannes meinte: Das Sexualstrafrecht ändert sich alle fünfzig Jahre.

JESKO. Johannes. Wie geht's dem überhaupt.

MALTE. Gut. Ist bei Wallace & Schäfer.

JESKO. Nicht schlecht.

MALTE. Die Strafe ist jedenfalls zu krass.

JESKO. Wenn das mit uns gemacht worden wäre. Als Kinder. *(Schweigen.)*

MALTE. Was dann.

JESKO. Weiß nicht.

MALTE. Ich würde die Hurensöhne zerfleischen.

JESKO. Ich auch.
»Hurensöhne«?
Jetzt redest du schon wie die Asozialen.
Was machen die eigentlich alle?

MALTE. Wer, die Asozialen?

JESKO. Die anderen.
Was macht Rohde, zum Beispiel?

MALTE. Bertelsmann.

JESKO. Von Bredow?

MALTE. Beim Vater eingestiegen.

JESKO. Nettelbeck?

MALTE. Eigene Ratingagentur.

JESKO. Stimmt. Und du hast deine Werbeklitsche.

MALTE. Ey, ey. Die Bahn ist mein Kunde.

JESKO. Und die *ganz* anderen? Wie hießen die noch.

MALTE. Manche sind verschollen.

JESKO. Die interessieren mich. Die Verschollenen.

MALTE. Warum?

JESKO. Weiß nicht. Ich hab so Gedanken in letzter Zeit.
Erinnerst du dich an nichts?

MALTE. An was erinnern?

JESKO. Vielleicht war Matuschka ja selbst Opfer.

MALTE. Das ist zu einfach gedacht. Wer produziert schon Opfer – das kann ja nur ein Opfer sein. Oder was.

JESKO. Es wäre ein Hinweis.

MALTE. Ein Hinweis worauf?

JESKO. Sag jetzt. Erinnerst du dich an nichts?

MALTE. An was denn?

JESKO. Ich auch nicht.
Kann Matuschka denn aus dem Gefängnis – Briefe schreiben, oder E-Mails?

MALTE. Ich denke doch. Nur wird das alles gefiltert und zensiert, wahrscheinlich. Willst du ihm schreiben?

JESKO. Nein.

MALTE. Vielleicht sollten wir ihm schreiben.

JESKO. Blödsinn.

MALTE. Doch, wir schreiben ihm jetzt. *(Nimmt eine Serviette.)* Hier, ich schreib das dann ins Reine und schicke es ab. Tonke weiß sicher die Adresse.
(Nimmt sein Handy.) Nein, ich tippe es ein.
Nein, ich nehme es auf.

JESKO. Nicht aufnehmen.

MALTE. »Lieber Severin.«

JESKO. Hör auf.

MALTE. Wieso? Da verreckt einer im Knast! Das ist wie im Film. Mann, das ist Matuschka!
Unser Matuschka!

JESKO. Der Kinderschänder.

MALTE. Er war nur im Internet. Nur im Internet.
»Lieber Severin.« Jetzt fällt mir nichts ein, wie soll man das ansprechen? »Nachdem uns zu Ohren gedrungen ist, dass« – »als die unliebsame Botschaft uns« – »dass Du in Querelen bist« –

JESKO. In Schwulitäten.

MALTE. Jaja. Hilf mir lieber mal.

JESKO. Du willst ihm gar nicht helfen. Du willst dich nur erhöhen. Ihm zeigen, was du über ihn weißt. Und darauf hinweisen, dass du nicht in seiner Lage bist. Trostspende als Egobooster.

MALTE. Du denkst böse gerade. Wusste gar nicht, dass du so böse denkst, und so einfach.

JESKO. Ich habe allen Grund dazu.

MALTE. Welchen Grund? Zu dir ist das Leben gut. Vielleicht ist es so gut zu dir, *weil* du so böse denkst?

JESKO. Manchmal denke ich tatsächlich, es geht uns zu gut. Da müssen doch irgendwelche Verdrängungsmechanismen am Werk sein, vielleicht, denke ich dann. So gut kann es keinem gehen, da ist Verdrängung im Spiel.

MALTE. Verdrängung. Die Kraft, die uns über Wasser hält.

JESKO. Ich bin froh um jedes vergessene Detail. Erinnerst du dich echt an nichts?

MALTE. Perverse Geistliche halt, ganz normal. Klar haben die uns hart rangenommen –

JESKO. Ach?

MALTE. – nicht *so*. Aber fürs Leben. Fürs Leben haben die uns gewappnet. *(Macht eine Geste: ausgefahrene Ellenbogen.)*

JESKO. Ja.

MALTE. Im Übrigen: So gut geht es mir persönlich gar nicht. Du schließt von dir auf andere.

JESKO. Und die Fotos?

MALTE. Welche Fotos?

JESKO. Erinnerst du dich nicht daran, wie wir fotografiert wurden?

MALTE. Klar. Stein halt.

JESKO. Ja, Stein halt.

MALTE. Das war halt sein Knall. Aber das war doch nun wirklich nicht –

JESKO. Nein. Aber manchmal denke ich dran.

MALTE. Bilder fürs Jahrbuch.

JESKO. Und für die Privatsammlung.

MALTE. Bilder, die nichts bedeuten.

JESKO. Im Grunde dein heutiges Geschäft.

MALTE. Ey.

JESKO. Warst du nackt?

MALTE. Ganz nackt? Nein.
Du?

JESKO. Nein.

MALTE. Und wenn. Also.
»Lieber Severin.«
(Lange Pause. Jesko grinst.)

MALTE. Dann halt nicht.

11

– In den folgenden Tagen pflegte Jesko Drescher seine neue Einsamkeit. Er kannte das noch nicht: ein Geheimnis zu haben. Fast wurde ihm sein Geheimnis zum Freund, dem er sich anvertraute, dem er Dinge zuflüsterte, ein inneres Exil, ein Raum der Intimität mit sich selbst, die Jesko neu und fremd war.

– Er saß mit seiner Frau zu Tisch, mit den Kindern, und war doch nie nur er allein. Immer saß noch etwas anderes mit am Tisch. Seine Identität gewann eine Dimension hinzu, die unheimlich, aber interessant war, die ihm eine neue Tiefe gab, fast etwas Tierisches, Instinktives, Gefährliches. Er selbst saß dort mit am Tisch, als nackter Junge; der Mitwisser saß mit am Tisch, als leeres Phantom; Stein saß mit am Tisch, mit halber Erektion; und die Differenz zwischen Gewusstem und Gesagtem saß mit am Tisch und riss kleine Abgründe zwischen den Worten und Personen auf.

– Auch ging er mit dem Geheimnis ins Bett. Manchmal aber fürchtete er, es würde ihn nächtens anfallen, wenn er schlief.

– Als ihm eine Woche später ein weiteres Bild aufs Handy geschickt wurde, von einer neuen Nummer, diesmal mit einem Emoticon versehen, das sich übergab, wollte er zunächst in Gelächter ausbrechen. Doch das Lachen gelang nicht.

– Das Bild zeigte auch sein Geschlecht.

– Noch nicht entwickelt, noch unbehaart, aber sein Geschlecht.

– Es war, im landläufigen Sinne, Porno.

– Und im rechtlichen Sinne?

BEAMTER. Das machen die auf eBay. So eine Prepaid-Karte bekommen Sie überall hinterhergeworfen. Für fünf Euro kriegen Sie ein Handy, das freigeschaltet und auf irgendjemanden angemeldet ist.

JESKO. Und Sie können wirklich nicht nachverfolgen, wer es gekauft hat?

BEAMTER. Die meisten geben falsche Daten an, und es kümmert keinen.
Was ist denn vorgefallen? Sie werden bedroht?

JESKO. So kann man es nicht sagen.

BEAMTER. Was denn sonst?

JESKO. Ich bekomme Bilder obskuren Ursprungs.

BEAMTER. Zeigen Sie doch mal.

JESKO. *(Will es erst zeigen, dann:)* Nein.

BEAMTER. Sie müssen wissen, dass Sie schon haftbar sind für die Sachen, die sich auf Ihren Datenspeichern befinden.

JESKO. Ich lösche es ja. Ich will nur wissen, wer mir das Zeug schickt.

BEAMTER. Sind das Bilder aus dem Netz?

JESKO. Ich weiß es nicht.

BEAMTER. Sie müssen sagen, was vorgefallen ist, wenn wir die Untersuchungen aufnehmen sollen. Dann nehmen die Dinge ihren geordneten Lauf.

JESKO. Den Lauf ins Nichts. Was bringt das, wenn Sie den Absender gar nicht ausfindig machen können?

BEAMTER. Das wissen wir doch noch nicht! Wollen Sie nun eine Anzeige aufgeben oder nicht?

JESKO. Nein. Ich weiß noch nicht einmal, ob es strafbar ist, was da passiert.

BEAMTER. Die Einschätzung müssten sie dann schon uns überlassen.

JESKO. Da bin ich mir nicht so sicher.

BEAMTER. Ich aber.

JESKO. Und das ist das Problem.

12

JOHANNES. Wir hatten kein Gefühl für Zeit damals, sie verstrich oder verstrich nicht, kündigte sich an oder hallte nach, es spielte keine Rolle. Jenseits der nächsten

Ferien war eh Niemandsland, totale Ödnis. Wer so weit dachte, wurde kurz und fett ausgelacht, dann liegengelassen und vergessen. Ja, wir haben uns doch schon genügend mit dem bisschen Vergangenheit und der sehr heftigen Gegenwart herumzuschlagen, so hieß das damals, das sind schon Schlachten, die wir austragen müssen. Und zwar jetzt und hier, oder gleich und dahinten, allerhöchstens noch morgen, um die Ecke, aber doch bitte nicht irgendwann und irgendwo, da wär man ja schön blöd, wenn man so weit dächte. Vielleicht trifft mich hier gleich der Schlag, und ich merke es nicht einmal, weil ich mir über meine angebliche Zukunft den Kopf zerbreche. Vielleicht wird meine Gegenwart gerade zur Vergangenheit und zieht schon Fäden, wie ein Gängelband, das den Radius des Kreises festlegt, aus dem ich mich nie herausbewegen werde können. Und? Schlimm?

13

Johannes, Jesko.

JOHANNES. Im Fernsehen wirkst du stabiler.

JESKO. Im Fernsehen wirk ich nur dicker.

JOHANNES. Mein Großvater meinte immer: Wer dick ist, ist gesund

JESKO. Mein Großvater meinte immer: Mehr Gicht.

JOHANNES. Schön, dass wir auch beruflich mal zusammenkommen.

JESKO. Du witterst ein einträgliches Mandat.

JOHANNES. Ich müsste lügen, wenn ich solche Gedanken

in der Hoffnung auf einen Auftrag vonseiten der größten Verlagsgruppe Deutschlands leugnen würde.

JESKO. Ich bin aber privat hier.

JOHANNES. Wieso dann der Termin?

JESKO. Ich will dich etwas fragen.

JOHANNES. Das hättest du auch privat machen können.

JESKO. Es ist privat und zugleich nicht privat.

JOHANNES. Interessant.

JESKO. Ist das hier vertraulich?

JOHANNES. Absolut.
Was ist deine Frage?

JESKO. Ob du etwas weißt.

JOHANNES. Worüber?

JESKO. Du warst doch Steins Liebling, nicht wahr.

JOHANNES. Was? Wieso?
Matuschka war Steins Liebling. Und du.

JESKO. Nein, du warst auch sein Liebling.

JOHANNES. Ich war gar nichts! Das hat mich ja so aufgeregt.

JESKO. Ich hatte einfach gute Noten. Ein Liebling war ich nicht.

JOHANNES. Was ist überhaupt die Frage? Ob ich *was* weiß?

JESKO. Ich formuliere es anders.

JOHANNES. Bitte.

JESKO. Wir standen lange Zeit in einer gewissen Konkurrenz.

JOHANNES. Das ist zwanzig Jahre her.

JESKO. Jugendprägungen sind hartnäckig.

JOHANNES. Ja, aber was ist die Frage?

JESKO. Ob jemand mir schaden will.

JOHANNES. Wer? Ich?

JESKO. Ich weiß nicht.

JOHANNES. Wie denn?

JESKO. Sag du es mir.

JOHANNES. Das ist ein abstruser Auftritt. Was willst du?

JESKO. Was willst *du*. Ich kann nichts dafür, dass du damals geflogen bist. Du warst ein Bauernopfer.

JOHANNES. Was? Ich habe halt gekifft und wurde erwischt.

JESKO. Erwischt wurden manche. Nur mussten die wenigsten gehen.

JOHANNES. Wir waren halt nicht reich.

JESKO. Und ihr hattet keinen Namen, stelltet nichts dar.

JOHANNES. Umso besser stehe ich jetzt da. Hier, alles aus dem Nichts erschaffen, mit meinen Händen, meinem Hirn.

Bauernopfer. Ich bitte dich.

JESKO. O doch. Und jetzt willst du *mich* nachträglich zum Opfer machen.

JOHANNES. Bist du noch bei Trost? Wovon redest du?

JESKO. Von deiner Drohkulisse. Mit diesen Bildern.

JOHANNES. Welche Bilder, Mann!

(Pause. Sie schauen sich konfrontativ in die Augen.)

JESKO. Okay. Okay. Es war ein Versuch.

JOHANNES. Was für ein Versuch?

JESKO. Beruhig dich. Du bist es nicht.

JOHANNES. Ich weiß gar nicht, was du hier aufkreuzt und irgendeinen Schwachsinn laberst.

JESKO. Ich auch nicht. Beruhig dich.

JOHANNES. Und mich mit Sachen von damals ankackst.

JESKO. Verzeih. Vielleicht wird es wirklich ein Fall. Dann hast du dein Mandat.

JOHANNES. Was ist denn los?

JESKO. Bevor du zu viel weißt, sag mir: Wer könnte mir schaden wollen?

JOHANNES. Könnte jeder sein. Neider. Du bist in den Medien.

JESKO. Jemand von unserer Schule.

JOHANNES. Könnte auch jeder sein.

JESKO. Jemand, dem es vielleicht besonders scheiße geht. Der viel Zeit hat. Arbeitslos, krank ist.

JOHANNES. Konstantin soll es nicht gut gehen.

JESKO. Konstantin.

JOHANNES. Ich habe vor Kurzem mit seiner Freundin gesprochen. Selbst ziemlich durch. Frajo soll auch depressiv sein. Und einer drei Stufen über uns hat sich kürzlich umgebracht. Aber worum geht es hier überhaupt?

JESKO. Was hat Konstantin?

JOHANNES. Ich beantworte hier nichts mehr, wenn du nicht sagst, worum es geht.

JESKO. Es ist delikat.

JOHANNES. Macht nichts. Ich bin nicht zimperlich.

JESKO. Du musst aber zimperlich sein, wenn es delikat ist.

JOHANNES. Bin ich beides. Jetzt rück schon raus.

JESKO. Man kann es weiter eingrenzen. Dieser Jemand muss einen Zugang zu etwas haben. Zu etwas von damals.

JOHANNES. Etwas von damals. Geht es noch wolkiger?

JESKO. Zu den Archiven.

JOHANNES. Welche Archive?

JESKO. Zu Steins Archiven.

JOHANNES. Was ist denn mit Stein? Welche Archive?

JESKO. Es muss welche geben. Er hat doch immer geknipst. Und gesammelt.

JOHANNES. Ja, er hat geknipst.

JESKO. Dich auch?

JOHANNES. Nein.

JESKO. Stein hat uns alle abgelichtet. Vor allem seine Lieblinge.

JOHANNES. Daran siehst du übrigens, dass ich kein Liebling gewesen sein kann.

JESKO. Sicher? Du sahst mir früher aber ganz aus wie ein Liebling.

(Pause.)

JOHANNES. Dann hat er uns fotografiert. Und.
Wo ist das Drama.

JESKO. Ich weiß es selbst noch nicht.

JOHANNES. Das ist diese Sache mit Matuschka. Die macht alle ganz kirre.

JESKO. Mich nicht.

JOHANNES. Wie kommst du denn sonst drauf?

JESKO. Es gibt da Zeichen von obskurer Seite.

JOHANNES. Die obskuren Zeichen sendest du gerade. Sprich mal Klartext.

JESKO. Das hier ist absolut vertraulich?

JOHANNES. Man nennt es Verschwiegenheitspflicht.

JESKO. Weißt du eigentlich, was das heißt?

JOHANNES. Was.

JESKO. Diese Tatsachen. Diese Möglichkeiten, was gewesen sein könnte. Es ist alles eine Sache der Interpretation. Es könnte ein Drama sein, es könnte aber auch keines sein. Wenn es aber ein Drama ist, dann ein fettes.

JOHANNES. Ich verstehe kein Wort.

JESKO. Und ich weiß nicht, ob ich ein Drama will. Verstehst du?

JOHANNES. Nein.

JESKO. Das war doch gerade deine Frage: Wo ist das Drama?

Es ist nicht da, wenn wir es nicht wollen. Und nein, ich will kein Drama.

Du?

JOHANNES. Ich?

JESKO. Ja, du.

JOHANNES. Nein.

JESKO. Also?

JOHANNES. Weiß nicht.

JESKO. Also nichts.

Das hier war vertraulich. Ich zahle den dreifachen Stundenlohn.

JOHANNES. Willst du mich beleidigen. Das ist ein Freundschaftsdienst. Nicht einmal ein Dienst.

Das ist einfach Freundschaft. Aber –

JESKO. Umso besser.

JOHANNES. Jesko, aber – du kannst gerne –

JESKO. Ich weiß. Ich komme auf dich zurück, sollte es nötig sein.

JOHANNES. Jederzeit. Wirklich.

JESKO. Johannes?

JOHANNES. Ja?

JESKO. Kein Wort. Zu niemandem.

14

– Ich erinnere mich an die langen Fluchten, Marmorstatuen, Marmorböden, Steinplatten, darauf die Schritte, die nicht nur durch den Raum, sondern auch durch die Zeit zu hallen schienen, aus den Jahrhunderten und in sie zurück, ein Klang wie eine unbegreifliche Chronik, Legitimationen aus der Vergangenheit, mit denen ich, das Kind, schlendernd bekannt wurde, umgeben von diesem fernen, fremden Wissen, dessen Alter ich nicht einschätzen konnte, das ewig schien, ewig und also richtig, in das ich langsam hineinwachsen sollte, mit dem ich dann unbewusst verwuchs, in diesem Kinderbewusstsein des Einsseins, und ich verwuchs gerne über die Jahre mit den Jahren, spürte die Tradition, bevor ich das Wort überhaupt verstand. Dann kam die Pubertät, Auffahren einer Widerständigkeit, Tosen des Intellekts, alles fiel auseinander, witzigerweise noch von den üblichen sexuellen Detonationen dieser Lebensphase hintergangen und erschüttert. Ich sage »witzigerweise«, meine aber das Gegenteil.

– Ich bin ein Mensch, aber nicht dieser. Ich bin der andere, der mich besetzt.

– Ich erinnere mich an Lehrer, die ich schätzte, die ich liebte. Englischlehrer Gratzky, Kreidebombardements an der Tafel, Wort neben Wort, chaotisch, faszinierend, Vokabeln müsse man sammeln wie Briefmarken, so er; es hieß, er könne den Longman auswendig. Dieses Knittergesicht eines leidenschaftlichen Henkers. Dieser Aufruhr in den Worten.

– Ich erinnere mich an Barbourjacken und Leute mit immergleichen Gesichtern.

– Das sind neun Jahre, in denen ich ich wurde. Ich erinnere mich an alles oder gar nichts. Die Zeit steht mir nicht gegenüber, in ihr bin ich erst geworden. Wie soll ich das analysieren können? Wie mich herauslösen und ansehen?
– Meine Mutter wollte einfach, dass ich Zahnarzt werde. Deshalb kam ich dorthin. Geschadet hat es mir nicht.
– Ich brauchte Stein. Ich bewunderte Bosch. Stein war wie Gott, ein zorniger Gott aber, der über allem hing, ein Auge aus Gewitterwolken. Er formte mich, mir war es egal, wenn er andere schlecht behandelte, Hauptsache, er war gut zu mir. Bosch war die moralische, Stein die metaphysische Instanz. Mit Bosch habe ich kein Problem. Mit Stein habe ich auch keines.
– Ich erinnere mich an Stein und an Bosch. Ich erinnere mich an Stein. Ich bin krank, will aber nicht zu Stein, nicht zu Bosch. Ich will warten, bis Frau Claaßen Dienst in der Krankenstation hat. Jeder weiß, dass Stein einem das Thermometer hinten reinschiebt. Ich will das nicht. Ich bin ein Schatten auf einer Oberfläche, ein Nichts im Hall einer Kathedrale.
– Wie er immer wieder betonte, ich sei hässlich und abstoßend, ich stinke. Wie er dann die Fluraufsicht instruierte, darauf zu achten, dass ich den Klassenraum nicht verlasse. Denn, so er, ich sei ein Drogenhändler, Vergewaltiger und Schläger, so Stein zu meiner Mutter, um diese zu veranlassen, mich aufs Internat zu geben, bis er mich, als sie dies nicht machte, mit frisierten Noten der Schule verwies.
– Hier sitze ich in der Putzkammer mit Stein, auf engstem Raum, und muss die Matheaufgaben unter seiner schweratmenden Aufsicht machen, weil er vermutet, ich würde

dauernd abschreiben. Dabei bin ich der Beste in Mathe. Wie kann ich bei jemandem abschreiben, wenn ich doch der Beste bin? Er atmet. Ich höre sein Atmen. Es ist eine bizarre Situation. Er schnauft und grummelt. Er atmet. Ich atme nicht. Ich halte meinen Atem an und schreibe. Aber es entfällt mir, ich weiß, ich werde nie mehr der Beste sein, es macht mich so traurig. Er atmet einfach weiter, tiefer und tiefer und näher.

15

Im Bett. Jesko und Bettina. Bettina schläft. Anruf.

JESKO. Hallo? Was? *(Steht auf. Pause.)*
Wer sind Sie.
Gut.
Bestimmt kenne ich dich noch.
Doch, das spielt eine Rolle.
Und was willst du damit erreichen?
Was soll ich jetzt machen?
Das weiß ich eben nicht.
Was willst du von mir.
Was du von mir willst.
Und was soll das Ganze dann?
Wie? Was heißt das?
Hallo. Hallo. *(Legt auf.)*
BETTINA. Wer war das?
JESKO. Niemand.
BETTINA. Doch.
JESKO. Ein Verrückter.

BETTINA. Oder eine Verrückte.

JESKO. Kann sein. Hat geflüstert.

BETTINA. Jesko, wer war das.

JESKO. Ich weiß es wirklich nicht.

BETTINA. Was hat er denn gesagt?

JESKO. Will mich unter Druck setzen.

BETTINA. Was ist los?
Glaub nicht, dass ich nichts merke.

JESKO. Nein, nein.

BETTINA. Nein? Was nein? Ich lebe mit dir zusammen. Ich sehe dich doch.

JESKO. Ich habe wirklich keine Ahnung. Jemand will mich erpressen. Oder auch nicht. Er fordert gar nichts. Was soll das.

BETTINA. Womit denn erpressen?

JESKO. Albernheiten. Wirklich.

BETTINA. Wenn es Albernheiten sind, wieso kann man dich damit erpressen.

JESKO. Kann man eben nicht.

BETTINA. Womit denn überhaupt, verdammt.

JESKO. Ich habe Scheiße bei der Bezahlschranke gebaut. Google wird einfach zu mächtig, und wir legen uns mit denen an. Und verlieren. Das weiß die Alte aber noch nicht.

BETTINA. Was?

JESKO. Die sägen an meinem Stuhl. Irgendein Irrer wird das sein, der davon Wind bekommen hat. Was weiß ich, aus der Redaktion, dem Vertrieb.

BETTINA. Und der ruft dich mitten in der Nacht an?

JESKO. Klang alkoholisiert.

BETTINA. Befremdlich.

JESKO. Ja, aber kein Drama.

BETTINA. Wenn du eine Affäre hast, dann sag es gleich. Wir sind erwachsen.

JESKO. Was? Nein.

BETTINA. Nein?

JESKO. Nein.
Können wir jetzt wieder schlafen?

BETTINA. Will ich doch hoffen.

16

– Malte erwachte, als Jesko sich schlafen legte.
– Er lebte allein damals. Im Zweijahresrhythmus hatte er Beziehungen, nie machte er es über drei Jahre. Er sah sich dabei nicht als bindungsgestört, sondern als Hedonisten an.
– Zu Recht.
– Er liebte es inzwischen auch wirklich, alleine zu schlafen.
– Was er plötzlich nicht mehr konnte.
– Er sah sich an. Es war wahr gewesen.
– Leicht trüb, staubig und mit winzigen Flecken unbekannter Herkunft übersät, warf ihm der Spiegel das Bild seines eigenen Körpers zurück. Davon lösten sich die anderen Bilder ab, die alten, die unbekannten, traten hervor wie zweifach, dreifach belichtete Fehlbilder, Geisterbilder, schwebten vor dem dunklen Spiegel, spalteten den eigenen Blick.
– Fehlbilder, die er nie gesehen und nie vergessen hatte.
– Es habe sich nicht um normale Kinderbilder gehan-

delt, hieß es später, sondern um Bilder, in denen erwachsene Männer ihren Blick auf Jungen richten.

- Von Stein fotografiert zu werden, habe bedeutet, »zumindest für zwei Stunden bei ihm im Mittelpunkt zu stehen«.
- Malte betrachtete sich genau.
- Pater Stein, hieß es, habe Jungen eines bestimmten Typus bevorzugt. Die Auswahl sei nach ästhetischen Vorgaben erfolgt. Es habe sich um Jungen gehandelt, die das Aussehen eines »altgriechischen Epheben« gehabt hätten, »engelsgleich« mit schmaler Figur und halblangen Haaren gewesen seien oder sportlich-gutaussehend. Ein Zeuge schilderte, »mit Brille oder Zahnspange« wäre man nie auserwählt worden. Häufig seien die »Lieblinge« vaterlos gewesen.

MALTE. Was ist denn das.

- Malte sah sich im Spiegel. Es gab keine Gedächtnislücken. Hatte es nie gegeben. Alles war da. Die Segelfahrten, die Saunabesuche.
- Es war da, aber anders, wie umgestülpt.
- Die Perspektive hatte sich verkehrt, er war jetzt die Kamera, sah sich aber nicht, war blind vor sich selbst. Woher er kam, da war eine Lücke.

(Schweigen. Malte greift zum Telefon.)

MALTE. Johannes? Ruf mich zurück. Es ist dringend. Wirklich. *(Legt auf.)*

17

LEHRERIN. Wenn ein Drama angedacht ist, wird es auch stattfinden, nur in welcher seiner Versionen, ist noch die Frage. Ein Drama, das angedacht wurde, hat aber auch bereits stattgefunden, und wenn nur im Kopf. War es angedacht, ist es nicht mehr wegzudenken.

JESKO. Solche Gedanken sind natürlich Unsinn. Was gedacht wird, hat nicht immer Folgen, was gedacht wird, kann wieder weggedacht werden und erlischt.

LEHRERIN. Sie.

JESKO. Ja?

LEHRERIN. Erkennen Sie mich nicht.

JESKO. Doch, natürlich, entschuldigen Sie – ich meine –

LEHRERIN. Sie hätten mich fast umgefahren.

JESKO. Ach so, um Gottes willen.

LEHRERIN. Mich und die Kinder.

JESKO. Ja, und jetzt –?

LEHRERIN. Wie geht es Ihnen?

JESKO. Ja, gut! Was für eine Frage.

LEHRERIN. Eine normale Frage, oder?

JESKO. Wir kennen uns nur nicht, deshalb ist es –.
Ich war das gar nicht auf dem Bild.

LEHRERIN. Nein?

JESKO. Ach, nein, das waren Sie gar nicht. Ich verwechsle Sie.

LEHRERIN. Doch, das war ich schon.

JESKO. Können wir kurz reden?

LEHRERIN. Ja?

JESKO. Ich stand selbst unter Schock, sonst hätte ich Ihnen dieses Bild gar nicht erst gezeigt.

LEHRERIN. Was haben Sie denn mit dem Bild.

JESKO. Es beschäftigt mich. Und hat mit Ihnen seinen Anfang genommen. Aber Sie haben damit gar nichts zu tun.

LEHRERIN. Nein. Das war ein Unfall, erinnern Sie sich.

JESKO. Die Fakten und die Unfälle und die Zufälle verschwimmen.

LEHRERIN. Es war nicht einmal ein Unfall.

JESKO. Sie wollen irgendwas.

LEHRERIN. Gar nicht. Ich wollte nur fragen, wie es Ihnen geht. Jetzt haben Sie es zu einer Sache gemacht.

JESKO. Ich habe nichts zu einer Sache gemacht! Ich sage es Ihnen einfach. Das bin ich, auf diesem Bild. Aber es ist nicht so schlimm.

LEHRERIN. Wer hat das Foto gemacht, ein Lehrer?

JESKO. Woher wissen Sie das.

LEHRERIN. Ich frage nur. Ich bin selbst Lehrerin.

JESKO. Ja, das war ein Lehrer. Ein Pater, um genau zu sein.

LEHRERIN. Und es treibt Sie jetzt um? Sie hatten das vergessen?

JESKO. Ja. Nein, vergessen nicht. Aber es ändert sich.

LEHRERIN. Es wird Ihnen bewusst.

JESKO. Es sind nur Bilder, und nicht einmal die schlimmsten. Nicht einmal justiziabel, wahrscheinlich.

LEHRERIN. Wie alt waren Sie da?

JESKO. Elf, zwölf. Kurz vor der Pubertätsgrenze.

Ich weiß nicht, was ich damit machen soll. Am besten nichts. Es ist ein Unfall, dass Sie überhaupt Bescheid wissen. Sonst weiß es keiner.

LEHRERIN. Ich glaube, der Unfall fand schon vorher statt.

JESKO. Die ganze Jugend wird mir gerade zum Unfall.

LEHRERIN. Das muss nicht sein.

JESKO. Er hat uns hergenommen und zu Objekten gemacht.

LEHRERIN. Ist das so schlimm? Das ist Alltag. Sie machen auch alles zu Objekten, in Ihrer Zeitung.

JESKO. Sie kennen mich?

LEHRERIN. Fernsehen.

JESKO. Ja, das. Auch Bilder.

LEHRERIN. Sie machen sich gut da.

JESKO. Aber die Bilder bleiben, nur ich werde älter. Und jetzt gibt es einen Raum in meinem Kopf, der sich geöffnet hat, mit neuen Bildern. Und diese Bilder sind in meinem Leben und gehen nicht mehr weg.
Jetzt rede ich mit Ihnen schon wie mit einer Therapeutin.

LEHRERIN. Ich glaube nicht an Therapien.

JESKO. Ich auch nicht. Warum glauben Sie nicht daran?

LEHRERIN. Die Leute wollen nur irgendwelche altgriechischen Mythen anzapfen, um die Leere des eigenen Lebens aufzufüllen. Sich mit Elektra und Ödipus gemeinmachen. Und Abgründe aufreißen, damit es hallt, wenn sie rufen. Dabei ist da nichts.

JESKO. Genau.

LEHRERIN. Und gehen, anstatt die Konflikte auszutragen, zum Therapeuten, wo die eigene Version der Dinge noch einmal aufgebläht und bekräftigt wird. Sie werden zu kleinen, ichigen Biestern.

JESKO. Genau so.

LEHRERIN. Lassen Sie es doch einfach in Ruhe. Es war nur ein Bild.
Und es scheint Sie bisher nicht gestört zu haben.
Lassen Sie das Bild Bild sein.

JESKO. Was heißt das.

LEHRERIN. Ansehen und weitergehen.
JESKO. Vielleicht. Vielleicht, ja.
LEHRERIN. Sie gefallen mir.
JESKO. Sie mir – auch?
LEHRERIN. Man sieht sich.
JESKO. Ja?
LEHRERIN. Ja.
JESKO. Man sieht sich.

18

– Und es begab sich, dass Stein Ende der Sechziger Jahre seinen Acker bestellte, um sein Fürstentum zu errichten.
– Und er sah, es wurde gut. Denn das Fürstentum gedieh. In die Ställe zog die Schönheit und also die Moral ein. Und die Ställe wurden zu unbewohnbaren Kirchen.
– Denn ohne Schönheit keine Moral. In einem ästhetischen Umfeld aufzuwachsen, ist die Grundbedingung des Guten. Zack.
– Und wer ein wenig Geschmack hat, wird den Blumentopf hierhin stellen. Das ist der goldene Schnitt. Zack.
– Kontrapost. Seine Qualitäten lägen auf dem Gebiet des »Extra-Ordinären«, hieß es, er sei brillant in Konzeptionen und Bauten, in der Herstellung eines großen Rahmens.
– Erste Meldungen, der neue Internatsleiter residiere wie ein Fürst, ja ein Despot, ein Diktator, wurden abgewiegelt. Auf Beschwerden folgten Beschwichtigungen.
– Denn alle hatten auf ihn gewartet. Dass er ein Heißsporn war, könnte doch für den entscheidenden Ruck sorgen. Besser Heißsporn als Leisetreter.

– Besonderes Augenmerk wurde auf die Villa Verdi gelegt. Dort wohnte er selbst mit der Unterstufe. Sie wurde renoviert, mit Kunst vollgestopft und zum Mittelpunkt seiner Günstlingswirtschaft.

– Die Kritik, auch von Mitbrüdern, Stein könne den hergestellten Rahmen inhaltlich-pädagogisch nicht ausfüllen, es fehle ihm die alltägliche Stetigkeit, er bespreche zu wenig mit seinen Mitarbeitern, eher nur mit dem einen oder anderen »Freund«, seine Person polarisiere, er habe entweder Bewunderer oder Feinde, gleiche zu wenig aus und gehe tatsächlich über Leichen –

– Diese Kritik blieb stecken.

– Was soll man auch ändern, wir haben hier einen brillanten Typen, einen Macher, einen Durchgreifer, einen Mastermind –

– Der Lehrerkollegen ohrfeigt, eigenmächtig Beförderungen ausspricht, willkürlich straft, liebt und herrscht –

– Liebt vor allem. Liebt. Auf verborgene und verbogene Weise: liebt.

19

JESKO. Dir soll es nicht gut gehen.

KONSTANTIN. Und *du* willst mir helfen?

JESKO. Ja. Schon.

KONSTANTIN. Ist bei dir das Christentum ausgebrochen?

JESKO. Sozusagen.

KONSTANTIN. Fantastisch. Nein, danke.
Mir geht es gut.

JESKO. Du hattest diese Anfälle.

KONSTANTIN. Ich komme zurecht.

JESKO. Wann war der letzte?

KONSTANTIN. Geht dich nichts an.

JESKO. Oder bist du gerade in einem.

KONSTANTIN. Wenn ich in einem wäre, würde ich es nicht wissen.

JESKO. Ich will nur verstehen.

KONSTANTIN. Wirst du nicht, kannst du nicht.
Was willst du.

JESKO. Konstantin, ich habe ein Problem.

KONSTANTIN. Du. Ein Problem.
Und das wäre?

JESKO. Wenn du dafür verantwortlich bist, fucke ich dein Leben ab.

KONSTANTIN. Ist es schon.

JESKO. Deshalb ja.
Ich fucke es endgültig und unwiederbringlich ab. Glaub mir.

KONSTANTIN. Gerade klingst du wie der Asoziale, der Verrückte, und nicht ich.

JESKO. Hast du bei mir angerufen.

KONSTANTIN. Wieso sollte ich?

JESKO. Aus Hass und aus Neid.

KONSTANTIN. Bisschen viel für einen Anruf.

JESKO. Wenn du es bist, Konstantin, dann.

KONSTANTIN. Bin ich jetzt für jeden Scheiß verantwortlich, oder was? Immer kommen sie zu mir, wenn irgendwo ein Mülleimer brennt.

JESKO. Wenn du es bist, bitte ich dich, es zu unterlassen.

KONSTANTIN. Okay, nur theoretisch, nur zum Fick: Stellen

wir uns vor, ich wäre es. Nein, okay, ich bin es. Ich gebe es zu.
Aber was?

JESKO. Tu nicht so. Du hast einen Hass, einen Hass auf die Schule. Und auf mich.

KONSTANTIN. Auf dich? Du bist mir sowas von egal.

JESKO. Aber auf die Schule hast du den Hass.

KONSTANTIN. Auf diesen Pädoverein? Auch da bin ich milder geworden. So mild. Ist doch eh vorbei.

JESKO. Haben sie dir was angetan?

KONSTANTIN. Spielt keine Rolle mehr. Spielt alles keine Rolle mehr.

JESKO. Tut es wohl.

KONSTANTIN. Nicht für unsereinen. Eine Rolle spielt es nur für die, die noch eine Rolle spielen. Und wieso sollte ich dir was drüber erzählen?

JESKO. Wenn du es bist, der mich gerade terrorisiert – dann lass uns drüber reden.

KONSTANTIN. Ja. Ich bin es. Ich bin der böse Mann.

JESKO. Wieso machst du das?

KONSTANTIN. Weil ich es nicht mehr aushalte. Euren Erfolg und meine Zerstörung. Es reibt mich auf, es ätzt mich weg. Es zerfrisst mich von innen.

JESKO. Aber ich kann nichts für deine Zerstörung.

KONSTANTIN. Denkst du, denkst du.

JESKO. Woher hast du die Bilder.

KONSTANTIN. Geheime Quelle.

JESKO. Und was willst du damit erreichen?

KONSTANTIN. Eine Korrektur.

JESKO. Wir können das regeln. Wo sind sie.

KONSTANTIN. Überall. Sie sind überall.

JESKO. Was heißt das.

KONSTANTIN. Ja, siehst du sie denn nicht? Überall, an jeder Ecke, sie verfolgen und beschatten dich.

JESKO. Was?

KONSTANTIN. Sie sind überall, einfach überall.

JESKO. Im Internet auch?

KONSTANTIN. Jesko, halt's Maul, Mann. Ich bin nichts. Ich weiß nicht, wovon du redest.

JESKO. Was soll das.

KONSTANTIN. Du sagst mir ja nicht einmal, worum es geht. Und soll ich dir was sagen? Mir ist es auch egal. So egal ist mir das alles inzwischen.

JESKO. Ich glaube dir nicht.

KONSTANTIN. Dir wird nichts anderes übrigbleiben. Welche Bilder überhaupt.

JESKO. Gar keine.

KONSTANTIN. Ach, vielleicht so ein paar Pädobilder, ja?

JESKO. Nein.

KONSTANTIN. Klar, jetzt raffe ich es. Wurde der arme Jesko auch abgeschossen damals, und jetzt verfolgt es ihn plötzlich ganz gemein?

JESKO. Wie konntest du nur so werden.

KONSTANTIN. Wie konntest du nicht so werden.

JESKO. Scheiße.

KONSTANTIN. Kannst du laut sagen. Und jetzt raus. *(Jesko ab.)*

20

Sandra, Konstantin.

SANDRA. Wer war das?

KONSTANTIN. Einer von ihnen.

SANDRA. Was wollte er?

KONSTANTIN. Rumnerven. Mich beschuldigen.

SANDRA. Da passiert was, oder?
Vielleicht kommt es jetzt ans Licht.

KONSTANTIN. Vielleicht.

SANDRA. Das willst du doch.

KONSTANTIN. Ja.

SANDRA. Also ist es gut, dass so einer kommt und die Nerven verliert.

KONSTANTIN. Das ist es wohl. Auch wenn ich kaum mehr Kraft habe.

SANDRA. Die wird wieder kommen, wenn es so weit ist.

KONSTANTIN. Ich glaube auch. Ich glaube auch.
Ziehen wir uns eine rein?

SANDRA. Ja.

KONSTANTIN. Komm.
(Nehmen irgendwas.)

KONSTANTIN. Spürst du was?

SANDRA. Gleich.

KONSTANTIN. Jetzt?

SANDRA. Warte.
Jetzt.

KONSTANTIN. Ja, ich auch.

SANDRA. Ja.

KONSTANTIN. Jetzt.

SANDRA. Jetzt.
KONSTANTIN. Ja. Jetzt.
SANDRA. Ja.
KONSTANTIN. Ja.
SANDRA. Jetzt.

21

Johannes, Malte, Jesko.

JOHANNES. Also was. Wovon reden wir.
MALTE. Er hat damit angefangen. Und jetzt macht es in mir weiter.
JESKO. Was macht weiter.
MALTE. Diese Unruhe. Entschuldigt, aber da stimmt etwas ganz und gar nicht.
JESKO. Du musst dich nur ein paar Wochen zusammenreißen. Wie ich. Dann ist es einfach nicht passiert.
JOHANNES. *Was* ist denn passiert. Oder – nicht passiert.
MALTE. Jetzt tu du nicht auch noch so. Es ist doch alles offensichtlich. Es war sogar Schulhofgespräch. Ständig.
JESKO. Eben, es war immer alles –
(Johannes unterbricht ihn mit einer Geste.)
JOHANNES. Nein, jetzt lass ihn mal. Was meinst du.
MALTE. Wir wurden – letztendlich –
JOHANNES. Ja?
MALTE. Wenn man es wirklich genau betrachtet –
JOHANNES. Ja?
MALTE. – und man es womöglich leicht überspitzt, wenn man die tausend Fakten und Faktensplitter zusammen-

nimmt und *einmal* wie ein Unbeteiligter betrachtet, was da eigentlich passiert ist, wenn man es in eine Richtung denkt und wahrnimmt, die nicht angenehm ist, ganz im Gegenteil, die unangenehm ist und sogar grausam, grausam auch gegen einen selbst, grausam aber auch gegen die eigene Herkunft, wenn man das alles übereinanderlegt, dann –

JESKO. Sieht man gar nichts mehr.

MALTE. Im Gegenteil. Es ist offensichtlich.

JESKO. *Missbraucht*, will er sagen.

JOHANNES. Das ist ein heftiges Wort.

MALTE. Aber es *ist* so. Du wurdest fotografiert, und du auch. Richtig? Richtig?

JOHANNES. Ein Foto ist noch kein Übergriff.

MALTE. Und ob ein Foto ein Übergriff ist.

JESKO. Langsam. Es *kann* einer sein. Ich glaube aber, dass neunundneunzig Prozent der Fotos völlig harmlos waren.

MALTE. Das eine Prozent vergiftet alle anderen. Und überhaupt, es zählt die Haltung, die Absicht. Leute, es ist einfach klar. Die Fotos sind nur ein Übergriff von vielen. Der hat sich gut einen auf uns runtergeholt. Auf unsere Fotos. Wenn ich mir das alles vor Augen führe, das Duschen, den Ständer, die Strafen, diese Körperlichkeit –

JESKO. Ein nackter Pater ist ein Bild, das nicht jedem einleuchtet, ja.

JOHANNES. Was willst du machen?

MALTE. Ich will die Fotos sehen.

JESKO. Warum.

MALTE. Ich will wissen, wie das aussieht. Wie ich aussehe. Was mit mir gemacht wurde.
Was ich da war. Und bin.

JESKO. Die gibt es nicht mehr, die Fotos.

MALTE. Natürlich gibt es die.

JESKO. Und wenn du sie hast, was bringt dir das?

MALTE. Ich bekomme etwas zurück, das mir fehlt, das mir gestohlen wurde.

JESKO. Du hättest doch gar nichts gemacht, wenn ich dich nicht drauf angesprochen hätte.

MALTE. Und?

JOHANNES. Wieso hast du uns eigentlich drauf angesprochen?

MALTE. Ja, wieso?

JESKO. Ich dachte mir nichts dabei.

JOHANNES. Es scheint dich beschäftigt zu haben.

JESKO. Aber nicht so. So hysterisch.

JOHANNES. Das ist keine Hysterie. Er hat ein Problem.

JESKO. Ihm ist langweilig.

MALTE. Und wieso hast du jetzt kein Problem mehr damit?

JESKO. Man kann sich für oder gegen Probleme entscheiden. Glück ist eine Option.

JOHANNES. Mir hast du was unterstellt.

MALTE. Und mir was von Verdrängung erzählt.

JESKO. Ich hab von Matuschka geredet. Mehr nicht.

JOHANNES. Das hörte sich anders an.

JESKO. Jeder ist mal durch. *(Deutet auf Malte.)* Siehe hier.

MALTE. Vielleicht waren es bei dir ja nicht nur Bilder? Du warst doch der Oberliebling. Wieso eigentlich? Ist es in deinem Fall nicht nur bei Bildern geblieben, Jesko?

JESKO. Also bitte.

JOHANNES. Wieauchimmer, wir bleiben jetzt in Kontakt.

Ich kann nicht sagen, dass es mich sonderlich erschüttert. Und ich weiß nicht, was daraus folgen soll. Wir bleiben in Kontakt und reden. Okay? Okay?

22

Trip.

KONSTANTIN. Jetzt wieder. Ja.

SANDRA. Und weiter.

KONSTANTIN. Und wieder.

SANDRA. Jetzt.

KONSTANTIN. Doch dann fällt mir der Rachegott wieder ein. Schwarz und verpixelt.

SANDRA. Tanz mit ihm, er ist auf unserer Seite.

KONSTANTIN. Ist die Unendlichkeit böse?

SANDRA. Nicht zu uns. Die Unendlichkeit biegt sich leise.

KONSTANTIN. Jetzt?

SANDRA. Jetzt.
(Pause.)
Wenn du ein Hologramm berührst, wird es feucht. Und wenn du dann daran leckst, wirst du von der Frucht der Unendlichkeit gekostet haben.

KONSTANTIN. Du bist mein Hologramm. Ich bin dir so nah.

SANDRA. Kein Zeichen, keine Bedeutung, nur Dasein.

KONSTANTIN. Ich spüre es.

SANDRA. Uns gibt es sehr.

KONSTANTIN. Und wird es immer geben.

SANDRA. Jetzt.
KONSTANTIN. Jetzt.
SANDRA. Und jetzt.

23

KONSTANTIN. Sonnengeflüster, Drogenrauschen, gescheckte Geräusche: Damals, als wir uns ständig neu erdachten, Lebenspläne verbrauchten wie starke Zigaretten, Hauptsache, es brannte gut auf der Zunge; damals, es ist gar nicht so lange her, stell dir vor, als wir uns als Rebellen gefielen, die die Füße nur hochlegten, wenn der viele Wein in die Beine zu sickern drohte, und sich beim Kreuzpissen verbrüderte; 8 mal die 8 gingen, bis es einem gut schwindelte; als wir dachten, wir seien Revolutionäre, oder wir könnten Revolutionäre sein, bestimmt, bald, oder vorgaben, es zu denken, unter unseren bürgerlichen Uniformen; ein Frühling lag in der Luft, Aufbruchsgelüste, wir hatten ihn selbst hineingelegt; und eine Guerilla werden wir sein, nickten wir, erinnerst du dich, ein fürchterliches Tribunal, denn wir sind aus dem Dschungelholz der Guillotine geschnitzt, weißt du das noch, hörst du mich; als wir gegen den Wind agitierten, seraphisch wie hier, mal in die Richtung, mal in die andere, *the way the wind blows*, von der Brüstung fielen und liegenblieben, weil der Himmel so irre runterkam, lachten; Frühling im Stadtpark: Damals, was ein Wort, tratst du in mein Leben, tratst du ein, tratst du in mein Leben rein, mit schwarzem Schuh, stumpfem Objektiv, zerbeultest seine jungen Formen, und herausgekommen bin ich, in allen meinen gezinkten, gezackten Ausführungen, und habe mich, den anderen, total verdrängt.

24

– Ist die Büchse geöffnet, entweicht das Gift in die Welt.
– Das Gift war eh in der Welt, die Büchse ließ es nur sichtbar werden.
– Auch ist die Frage, wer die Büchse öffnete, mythologisch gesehen weiterhin ungeklärt.
– Und welche Windmaschinen in Gang gesetzt werden von welcher Seite, ist im Sturm kaum zu erkennen.
– In den nächsten Wochen rumorte es weiter, ohne dass Jesko dabei war. Er versuchte, auf dem neuesten Stand zu bleiben, schien aber ausgeschlossen von dem Prozess, den er selbst in Gang gesetzt hatte. Johannes zeigte sich weiterhin von seiner lässigen Seite, auch wenn er ernster sprach als bisher, langsamer, als hätten die Worte ein neues Gewicht oder müssten sich gegen einen bisher unbekannten Widerstand durchsetzen. Malte dagegen war umtriebig, auch wenn Jesko, wenn er nachfragte, keine Indizien dafür festmachen konnte. Aber eine fiebrige Betriebsamkeit hatte sich Maltes bemächtigt, die er auch in den gelegentlichen Gesprächen nicht ganz verstecken konnte. Jesko wusste nicht mehr Bescheid. Er wusste nur: Es gab keine Erpressung, und dennoch zahlte er Lösegeld. Und nicht nur er.

25

Johannes am Telefon.

JOHANNES. Wie sind Sie an meine Nummer gekommen?

– Er habe doch Gesprächsbereitschaft signalisiert.

JOHANNES. Ich habe alles, was ich zu sagen hatte, bereits Pater Henkel gesagt. Und ich bin hier in der Arbeit. Wieso rufen Sie mich so einfach an, aus dem Nichts?

– Er solle den Vorwurf noch einmal genau schildern. Pater Stein wolle sich entschuldigen.

JOHANNES. Habe ich Ihnen nicht ausrichten lassen, dass Sie die Quelle Ihrer Informationen nicht preisgeben sollen?

– Pater Stein sei selbst auf Johannes gekommen.

JOHANNES. Das glaube ich aber kaum. Ich bin doch nicht der Einzige.

– Stein sei entsetzt in Anbetracht der Vorstellung, dass die Bilder die Jungen verstört haben könnten. Er sei zudem dement, werde nicht mehr lange leben und wolle seinen Frieden mit den Jungen, mit sich und der Welt machen.

JOHANNES. Den werde ich ihm nicht geben können. Dafür

bin ich als Letzter zuständig. Als Allerletzter. Ich habe Sie um Vertraulichkeit gebeten.

– Er sei, wie gesagt, von selbst auf Johannes gekommen. Und sei schon dabei, den Entschuldigungsbrief zu formulieren.

JOHANNES. Ich glaube das nicht. Und wofür rufen Sie dann an? Wenn er schon rumformuliert?

– Man müsse wissen, was genau vorgefallen sei.

JOHANNES. Das wissen Sie genau. Mich interessiert etwas ganz anderes: Was passiert mit den Bildern? Ich will sie sehen.

– Man werde eine Mediation einleiten. Es werde Aufklärung geben, Johannes brauche sich da keine Sorgen zu machen.

JOHANNES. Ich kann nicht sagen, dass ich beruhigt bin. Aber das hört sich nach einem Ansatz an. Nur was genau passiert mit den Bildern?

– Man suche sie alle heraus und werde sie den Betroffenen zeigen.

JOHANNES. Dann halten Sie mich hierüber auf dem Laufenden. Aber schriftlich. Und rufen Sie ansonsten bitte nie wieder unangemeldet an. Nie wieder. Danke.

26

JESKO. Jahrelang schichte ich mein Leben auf und an, Schicht um Schicht in die Höhe, ein gerader Weg, ein solider Gang, ein Aufstocken des Erfolgs, jedes Jahr mehr, jedes Jahr stabiler. Und nun, was passiert nun? Ich soll da also etwas gewesen sein. Was soll ich gewesen sein? Ein Opfer? Wer sagt das? Ich? Du? Wer redet denn da so verblödet? Es liegt in der Luft, heißt es, und wird sich bald Bahn brechen wie ein heraufziehender Wolkenbruch, schwanger von alter, bleigrauer Zeit. Wer sagt es? Etwas in mir sagt es, ein Gefühl, das seine Form wechselt, das heranreift seit Jahren, das ich abwehre und kleinhacke, und dennoch kommt es wieder und wieder. Was ist mir widerfahren? Doch nichts Schlimmes? Und wenn, es war eine eh irritierende Zeit, die Pubertät, die ersten Triebe im Kopf und im Körper, Zeit der irren Aufklärung und der hastigen, heftigen Selbstfindung. Wenn etwas war, so bin ich doch selbst dafür verantwortlich. Aber es war nichts. Nichts war da. Da war nichts. Monströs ist nur die Möglichkeitswelt der Deutungen. Und irgendwelche Leute, die ihre verkorksten Leben jetzt mithilfe von Vergangenheitsbewältigungen entkorksen wollen. Schuldzuschreibungen und Erinnerungsverfälschungen, nein, Erinnerungs*fälschungen*, weil man es nicht auf die Reihe gekriegt hat. Ich lasse mir nicht einen solchen zweiten Schuldkopf wachsen, nur weil ihr eure Ausreden braucht, nein, ihr redet mir nichts ein, gar nichts, und ich, ich mir auch nicht.

27

Jesko und Bettina. Bettina zeigt ihm ein Bild.

BETTINA. Das bist du.

JESKO. Wo hast du das gefunden.

BETTINA. In deinem Schreibtisch.

JESKO. Was hast du an meinem Schreibtisch zu suchen.

BETTINA. Jesko.

JESKO. Was.

BETTINA. Wer hat denn dieses Bild gemacht.

JESKO. Stein.

BETTINA. Der.
Und woher hast du es?

JESKO. Vom Irren. Dem nächtlichen Anrufer, oder der Anruferin.

BETTINA. Und was will er?

JESKO. Ich sage es doch, ich weiß es nicht.
Was hast du in meinen privaten Sachen zu suchen.

BETTINA. Seit wann gibt es private Sachen bei uns?

JESKO. Wie findest du das Bild.

BETTINA. Befremdlich. Gibt es mehrere davon?

JESKO. Ich glaube schon.

BETTINA. Deshalb bist du so seltsam in den letzten Wochen.

JESKO. Bin ich seltsam, ja?

BETTINA. Und der Typ sagt was?

JESKO. Dass ich ihn sicher nicht mehr kennen würde.
Und dass ich schon wüsste, was zu tun sei.

BETTINA. Und was ist zu tun?

JESKO. Ich weiß es nicht.

BETTINA. Befremdlich. Man sollte zur Polizei gehen.

JESKO. Man sollte vielleicht gar kein Aufhebens machen.
Ich meine, wie viel auf dieser Welt ist befremdlich.

BETTINA. Dennoch.

JESKO. Ist es schlimm? Findest du, das sieht missbräuchlich aus? Oder pornografisch?

BETTINA. Nein, aber es ist – wie soll man das sagen?
Es ist jedenfalls nicht richtig. Man merkt, dass etwas nicht stimmt.
Ich würde das nicht zulassen bei unseren Kindern.

JESKO. Das waren andere Zeiten, die Achtziger, eine andere Sexualmoral. Es war freier.

BETTINA. Freier. Bei den Katholiken.

JESKO. Ich weiß es doch auch nicht. Es kam uns damals nicht falsch vor. Und wenn die Eltern es wussten, haben sie es sich halt zurechtgedacht. Es war nicht falsch. Es war nur verschoben.

BETTINA. Was war verschoben.

JESKO. Die Normen, die Werte. Der Umgang. Nur leicht, über die Jahre. Über die Jahre immer mehr.

BETTINA. Ehrlich gesagt, es *sieht* pornografisch aus.

JESKO. Ich kann beim besten Willen keinen Penis erkennen.

BETTINA. Was?

JESKO. Mir ist nichts passiert dadurch. Oder komme ich dir wie ein Wrack vor seit Jahren, und du sagst nichts?

BETTINA. Natürlich nicht. Aber das geht auch mich an. Mir tut das weh, das Bild.

JESKO. Soll man den dementen Greis jetzt anklagen für

etwas, an das er sich wahrscheinlich gar nicht mehr erinnern kann? Das macht nur Wirbel, den keiner gebrauchen kann.

BETTINA. Nein, Wirbel will keiner. Aber du solltest drüber reden.

JESKO. Mit wem?

BETTINA. Nicht nur mit mir.

JESKO. Mit Fremden rede ich nicht über solche Sachen.

BETTINA. Ich räume ständig hinter dir auf, seit Wochen. Verstehst du das?

JESKO. Du räumst auf?

BETTINA. Übertragen.

JESKO. Ach so, ja. Du räumst auf. Ja.

BETTINA. Also mach was.

JESKO. Was machen.

BETTINA. Eine Therapie, vielleicht.

JESKO. Therapie, ich.

BETTINA. Wenn es etwas ist, das dich bedrängt, sollst du dich ihm stellen. Mehr sage ich gar nicht.

JESKO. Das verstehe ich.

BETTINA. Sonst geraten wir in eine Schräglage, und ich weiß nicht, wann die zur Wand wird.

JESKO. Schon klar. Du hast ja recht.

BETTINA. Ich weiß.

JESKO. Ich werde mich dem stellen. Es bearbeiten. Ich werde die Konfrontation suchen.

BETTINA. Sonst verzerrt das unsere ganze Wahrnehmung. Dich. Mich. Die Kinder. Unsere Welt.

JESKO. Das wird es nicht, Bettina.

BETTINA. Dann bin ich beruhigt.

JESKO. Ich auch. Ich räume das auf.

BETTINA. Und eigentlich, wenn man es sich einfach so anschaut. Ohne voreingenommen zu sein. Eigentlich.

JESKO. Was.

BETTINA. Sieht es auch. Ganz hübsch aus?

28

SANDRA. Schlafe ich, habe ich ein schlechtes Gewissen, schlafe ich nicht, reibt es mich auf. Ich sehe den Schlaf, egal mit welchen Substanzen oder Methoden herbeigeführt, auch als Zelle des Widerstands gegen die Forderungen und Zurichtungen von außen. Allerorten wird eingegriffen, selbst in den Schlaf, der optimiert wird von Apps, Masken und Atemregulatoren. Man soll sich ausruhen, aber gefälligst kurz. Seltsam aber, wieso liebe ich den Schlaf so sehr, wenn ich mich doch nicht an ihn erinnere? Dabei ist nichts kopflastiger als der Schlaf: Das traumschwangere Hirn führt die Arbeit des Tages zu Ende, oder eben, in meinem Falle, der Nacht, lässt den Fragmenten ihre Eigenheiten und führt sie doch leichthändig zusammen. Dieser Apparat, der mich um neun Uhr vor den Ämtern stehen lässt, sollte vielmehr selbst teilhaben an der Traumarbeit, die wir verrichten, wir beide, hier unten. Immer sind wir erschöpft vom Alten, immer haben wir ein schlechtes Gewissen vorm Neuen. Wenn der Schlaf so schön ist, wie er sich mir hier darbietet, während mein Liebster neben mir liegt und seinerseits den Verlust des Bewusstseins genießt, dann, frage ich, ja: wie schön muss dann erst der Tod sein.

29

Malte, Johannes, Jesko.

JESKO. Also gut.
(Gibt ihnen das Handy.)
Hier.
Ich hoffe, das ist kein Fehler.

MALTE. Es gibt sie eben doch.

JOHANNES. Woher hast du das?

JESKO. Wurde mir anonym zugesandt.

MALTE. Hast du auch eins von mir?

JESKO. Was? Nein.

JOHANNES. Anonym?

JESKO. Ja.

JOHANNES. Verstehe. Du dachtest, das war einer von uns beiden. Deshalb hast du so komisch gefragt, so – hysterisch.

JESKO. Ich wollte wissen, ob ihr auch welche bekommen habt.

JOHANNES. Aha.

JESKO. Ist das überhaupt etwas, womit man jemanden erpressen kann?

JOHANNES. Weiß nicht.

MALTE. Und ob.

JOHANNES. Und was will er haben? Geld?

JESKO. Nein. Ich weiß nicht einmal, ob das eine Erpressung ist.

JOHANNES. Doch. Doch, doch. Jetzt sehe ich es. Porträt des Machers als junges Opfer. Das ist ein Druckmittel.

JESKO. Es ist einfach ein Hirnfick.

MALTE. Deine eigenen Zeitungen würden dich zerfleischen, aber perfide, ganz perfide.

JESKO. Das wüsste ich aber zu unterbinden. Und schaut doch mal genau hin, es ist überhaupt nicht schlimm. Wo soll denn da ein Opfer sein!

JOHANNES. Wieso hast du es dann verheimlicht.

MALTE. Hast du noch mehr Bilder?

JESKO. Zwei Abzüge, postalisch zugeschickt, ins Büro und nach Hause.

MALTE. Von dir? Ganz nackt?

JESKO. Ein wenig.

MALTE. Was soll das heißen, ein wenig nackt?

JESKO. Der Typ hat auch angerufen. Und gesagt, er wollte nur auf etwas hinweisen. Ich wüsste schon, was zu tun sei. Mehr wolle er nicht.

JOHANNES. Da will dir einer eins auswischen.

JESKO. Und dann hat er noch etwas gesagt, etwas Irres.

MALTE. Was denn?

JESKO. »Hyänen, die verwundet sind, reißen sich voller Lust die Eingeweide aus dem Leib und verschlingen sie, bis sie sterben.«

JOHANNES. Was soll das heißen.

MALTE. Ist das eine Drohung?

JOHANNES. Skurril.

MALTE. Kommt das von Stein selbst?

JESKO. Wie das denn?

MALTE. Er will uns in die Opferrolle zurückquälen. Und gleichzeitig Abbitte leisten. Verdrehter Geist.

JOHANNES. Der gerade dement wird.

MALTE. Umso verdrehter.

JESKO. Jedenfalls bitte ich euch um Stillschweigen. Ich will es nicht bereuen, euch das gezeigt zu haben.

MALTE. Ich glaube, wir bereuen bald ganz andere Dinge.

JOHANNES. Was, wenn der Typ noch mehr Bilder hat?

MALTE. Davon ist auszugehen.

JOHANNES. Und ist das schlimm?

MALTE. Ja. Ich will meine Bilder sehen.

JESKO. Wir müssen aufpassen, dass wir hier nicht Dynamiken in Gang setzen, die wir später bereuen. Sonst fliegt uns das noch um die Ohren.

JOHANNES. Welche Dynamiken? Dafür interessiert sich doch keiner, wenn es uns nicht interessiert.

MALTE. Das ist ein giftiger Schlamm. Auf dem steht oder schwimmt mein ganzes Leben. Ich wusste nichts davon, oder ich habe es verdrängt. Oder ich bin von diesem Schlamm kontaminiert, er ist Teil von mir, und gerade rieche ich mich erstmals selbst.

JESKO. Ich rieche nichts.

MALTE. Wir müssen an die Öffentlichkeit gehen.

JESKO. Du willst dich nur wichtig machen, willst Publicity. Für deine Werbeklitsche da.

JOHANNES. Also, bitte. Nicht solche Töne.

MALTE. Der alte Jesko.

JOHANNES. Du auch. Ruhe.

JESKO. Ich weiß nicht, ob die Welle, die eine Veröffentlichung machen würde, wirklich etwas bringt. Sollen wir davon reingewaschen werden?

MALTE. Sie würde etwas bewegen, aufrühren.

JESKO. Ich mahne nur zur Vorsicht. Ich bin dabei, ich will aufräumen, aber jeder Schritt muss bedacht werden.

MALTE. Es ist mein Leben.

JESKO. Und meins erst, sag ich dir. Und meins erst.
MALTE. Von wegen.
JESKO. Was von wegen?
MALTE. Du, Jesko, bist schon lange tot.
(Jesko fehlen die Worte, winkt ab.)

30

– Stein vor der Dusche, nackt, wie jeden Tag. Er sitzt da mit seinem Penisprügel, und man kann nicht erkennen, ob das eine halbe Erektion ist, aber wahrscheinlich schon. Wir kennen uns da nicht so aus. Es ist faszinierend und macht Angst. Am Ende spritzt er uns kalt ab und hat ein irres Vergnügen dabei.
– Wir haben etwas ausgefressen, deshalb müssen wir jetzt Steine im Matsch herumtragen, die Gartenanlage aufhübschen, zum ästhetischen Umfeld beitragen, Buße tun im Schweiße unserer Drüsen. Stein beobachtet uns dabei. Später sollen wir den Schweiß abduschen, auch da beobachtet er uns, spritzt uns ab, dieses Abspritzen allein, was das heißt – und nimmt uns später mit auf die Wiese, noch nackt, um uns zu fotografieren.
– Wir stehen da, wir liegen da, wir machen einfach mit. Wenn ich mich in das Objektiv hineinversetze, sehe ich etwas Schreckliches: Unschuld, die schockgefroren wird; ein Augenblick, der uns auf alle Zeit kontaminiert, der die Zeit in sich aufhebt und zum Verschwinden bringt. Es geht ein Schwelbrand aus von da. Die Tat ist getan, und wir wissen es nicht einmal, schau, wir haben keinen blassen Schimmer, wir wissen es einfach nicht, auch heute.

– Zwei Wochen später fragen wir ihn, was aus den Fotos geworden ist, und er sagt, sie seien nichts geworden.
– Sie seien einfach nichts geworden.

31

Jesko und Bettina beim Frühstück. Jesko nimmt die Zeitung zur Hand.

JESKO. Was ist denn –

BETTINA. Was?

JESKO. Scheiße.

BETTINA. Was denn?

JESKO. Sei mal leise. Ich muss mich konzentrieren.

BETTINA. Jesko?

JESKO. Was bedeutet das. Das bedeutet noch nichts.

BETTINA. Was ist denn?

JESKO. Sie haben das Louisenstift. Also, da – hier. *(Gibt ihr die Zeitung.)*

BETTINA. »Jahrzehntelanger Missbrauch an katholischem Internat.«

JESKO. Genau. Wieauchimmer.

BETTINA. Jeder Schritt in Richtung Aufklärung bedeutet festeren Boden unter den Füßen.

JESKO. Ja, das meine ich nicht. Es ist ja auch gut. Es ist gut, du hast recht.

BETTINA. Was meinst du dann? Glaubst du, das hat was mit dem Typen zu tun, der dir die Bilder geschickt hat?

JESKO. Nein. Ich meine gar nichts.

BETTINA. Sag schon.

JESKO. Verstehst du nicht, bald geht das über aufs Franz-Xaver. Und dann geht es los. Bald bin ich auch »Betroffener«.

BETTINA. Wer weiß, was noch alles vorgefallen ist.

JESKO. Bei mir?

BETTINA. Bei allen.

JESKO. Mich hat jedenfalls keiner auf dem Gewissen. Überhaupt, dass ich mich jetzt schon vor dir verteidigen muss.

BETTINA. Ich greife dich doch gar nicht an.

JESKO. Du redest irgendeiner diffusen Aufklärung das Wort. Ich glaube, es wird einfach nur ein Geschrei sein und eine Schlammschlacht, und dann stehen alle besudelt und mit rauen Kehlen da, und gebracht hat es nichts. Ich muss was machen.

BETTINA. Du überschätzt deine Rolle in dem Ganzen.

JESKO. Von denen lasse ich mich nicht umschreiben.

BETTINA. Es geht nicht nur um dich.

JESKO. Ich werde das unterbinden.

BETTINA. Ich glaube, das hast du nicht mehr in der Hand. Hattest du noch nie. Wenn das alles stimmt.

JESKO. Wenn *was* stimmt?

BETTINA *(deutet auf ihn)*. Das.

32

KONSTANTIN. Ich muss gar nichts. Sterben muss ich.

MALTE. Richtig, du musst gar nichts. Aber du scheinst zu wollen.

KONSTANTIN. Mir war das alles immer klar. So habe ich mich gebaut. So bin ich täglich eingestürzt.

MALTE. Dann red wie selbstverständlich drüber.

KONSTANTIN. Nichts daran ist selbstverständlich, Mann. Es war nur immer klar.

MALTE. Versuch eine Haltung. Red einfach los.

KONSTANTIN. Was für eine Haltung?

MALTE. Eine Haltung.

KONSTANTIN. So?

MALTE. Ist dir überlassen.

KONSTANTIN. Ich weiß nicht, was du meinst.

MALTE. Dann red einfach so, wie du mit mir drüber reden würdest.

KONSTANTIN. Ich habe auf diesen Augenblick gewartet. Dass mir geglaubt wird, dass gesehen wird, weshalb ich scheitern musste, dass verstanden wird, weshalb mein Scheitern nur ein Warten war. Jetzt trete ich ins Freie. Jetzt schreie ich, wo ich schwieg.
Ich weiß nicht. So geht das nicht.

MALTE. Du hast auf diesen Augenblick gewartet.

KONSTANTIN. Ja. Du willst eine Haltung. Das ist aber einfach völlig natürlich für mich. Es zu wissen und nicht zu reden. Und die Gerüchte, die über mich im Umlauf sind, ich habe doch gar keine Macht darüber.

MALTE. Diese Macht nimmst du dir jetzt zurück. Wir müssen den Diskurs an uns reißen. Wir müssen es steuern. Die Medien laufen jeden Moment heiß. Jetzt wird es zum Skandal, und du kannst wieder mit dir verwachsen. Jetzt ist der Augenblick. Wir müssen sie stürzen.

KONSTANTIN. Ich muss gar nichts. Sterben muss ich.
(Jesko dazu.)

JESKO. Ich bitte euch ein letztes Mal.

MALTE. Was machst du hier.

JESKO. Lasst es ruhen. Du siehst doch, dass es ihm nicht gut geht damit. Keinem geht es gut.

MALTE. Wie empathisch er jetzt tut. Ich kann nicht mehr.

KONSTANTIN. Ich will es. Ich weiß nur nicht, wie. Seit Jahrzehnten will ich es und warte.

JESKO. Das wurde dir doch eingeflüstert. Lasst die Bilder Bilder sein.

KONSTANTIN. Nein.

MALTE. Jetzt ist der Augenblick, Jesko. Jetzt ist die Zeit. Und wir können nichts mehr dagegen tun.

33

Johannes und Reporter. Der Reporter verfolgt Johannes »unauffällig«.

JOHANNES. Ja, bitte?

REPORTER. Ja?

JOHANNES. Ja, was wollen Sie.

REPORTER. Wie, was ich wolle.

JOHANNES. Sie verfolgen mich.

REPORTER. Was?

JOHANNES. Sie scharwenzeln hier so um mich rum.

REPORTER. Ach so, das. Ja, das stimme.

JOHANNES. Stimme?

REPORTER. Schon seit Tagen. Aber er sei ja in Gedanken.

JOHANNES. Was?

REPORTER. Man würde gerne den Brief abdrucken.

JOHANNES. Welchen Brief?

REPORTER. Man wisse von dem Brief. Der Brief von Stein an ihn. Das Entschuldigungsschreiben.

JOHANNES. Wer sind Sie?

REPORTER. Man biete ihm 2000 Euro für den Abdruck.

JOHANNES. Scheren Sie sich zum Teufel.

REPORTER. *Noch* biete man ihm 2000 Euro.

JOHANNES. Ist das eine Drohung?

REPORTER. Es sei ein Angebot.

JOHANNES. Woher haben Sie überhaupt – es gibt gar keinen Brief.

(Reporter schweigt.)

JOHANNES. Ich kenne Ihren Chef.

REPORTER. Welchen.

JOHANNES. Den Oberchef. Der ist doch auch –

REPORTER. Was.

JOHANNES. Nichts. Ich werde mich über Sie beschweren.

REPORTER. Er solle es sich überlegen. Viel Zeit bleibe nicht mehr, bis ihm die Entscheidung aus der Hand genommen werde.

JOHANNES. Was heißt das.

REPORTER. Was es heiße. Guten Tag.

(Reporter ab.)

34

JOHANNES. Ich bin nicht erschüttert; ich war es auch nie. Auch nicht, als die Welle dann losrollte, die Zeitungen berichteten, engagiert, heißblütig, geil auf Skandale. Patres der Schande, hieß es, ein pädophiles Himmelsreich, hieß es. Und wieso Bericht, sie haben es ja konstruiert eher. Sich ihre Fakten geschaffen. Plötzlich wurde wieder ein Kollektiv gesehen, wo es vorher nur vereinzelte wohlstandsverlotterte Jünglinge gegeben hatte. Ich meine, seine Schule nimmt man mit, das ganze Leben, klar, irgendwie, das ist in einen eingewandert und bleibt, für den einen Last, für den anderen Wegzehrung, für mich, und ich stehe nicht alleine da, einfach eher egal. Ich gebe es zu. Die Zuschreibungen von außen sind nämlich falsch. Da ist kein Wir. Uns gibt es gar nicht. Und dennoch wurde es schnell konstruiert, dieses Wir, eher ja ein Ihr: ihr neureichen Asis, ihr altadeligen Inzestprodukte, ihr klüngelnden Autopoeten, ihr kleinen, hilflosen Missbrauchsopfer. Was soll's, sage ich. Ich muss eh nicht oft von meiner Schule reden. Keiner fragt mich danach, und ich erzähle nicht davon, es ist eine Schule wie jede andere. Das Ding ist, jetzt wurden alle Opfer ihres Lebens, passive Projektionen, nicht mehr Akteure, sondern Objekte, nicht mehr Helden, sondern Antihelden. Der kleine Jesko wurde so, und der große Konstantin war es eh schon immer. Je mehr jemand eine Haltung dazu hat, desto mehr verwickelt er sich in Widersprüche. Ist das nicht offensichtlich, ist das nicht eine Binsenweisheit, dass, wo Sonne ist, auch Schatten fällt, dass alles Gute im Schlechten wurzelt und alles Schlechte im Guten, ich meine, ich bin Anwalt. Ich lebe von der Flexibilität der Wirklichkeit, von der Ausdeutung und Umdeutung angeblich feststehender Gesetze im Lichte konkreter Taten und Sachverhalte. Man sollte in allem, was man tut, die eigene Vorläufigkeit und Bedingtheit und Widersprüchlichkeit mit präsent halten – so mein Credo. Dialektik ist mein Treibstoff, auch wenn ich Ihnen sicher keine gültige Definition von Dialektik liefern könnte, so weit reicht es nämlich dann doch nicht mit der Bildung, unter uns. Verstehen Sie, für mich war das ein Ding, aber nicht das Ding, das es für andere war, gerade für solche, die gar nicht dabei waren. Ich will niemandem zu nahe treten. Nur ist meine Haltung, die angeblich eine Nichthaltung ist, vielleicht umso stabiler, umso differenzierter auch als die der Leugner und die der Ankläger. Meine Haltung ist nicht nur nachvollziehbar. Sie ist vielmehr angebracht. Sie ist richtig. Außerdem werde ich, nur eine leichte Überspitzung, als Einziger überleben. Guten Tag.

35

Projektionen.

JESKO. Jetzt habt ihr, was ihr wolltet.

JOHANNES. Ich wollte gar nichts.

JESKO. Jetzt ist es in der Welt und wird nie wieder gehen. Jetzt ist die Tür auf, und wenn die Tür auf ist, laufen auch zig andere durch. Die, die sich schon immer missbraucht gefühlt haben. Die am Arsch sind. Die einen Grund brauchen, eine Erklärung. Und man kann es ihnen nicht einmal vorwerfen. Vielleicht ist ihnen auch nur langweilig.

MALTE. Wieso siehst du mich an?

JESKO. Hast du jetzt eine Erklärung? Und eine neue Lebensaufgabe dazu?

MALTE. Arschloch. Du würdest diese Wichsschule wohl

noch verteidigen, wenn sie aus lauter Nazis bestünde. Was heißt bestünde. Schlimmer als Nazis sind die.

JESKO. Hast du jetzt auch noch Tourette, oder was.

JOHANNES. Langsam reicht es mir mit euch beiden.

JESKO. Und was weiter? Alle schreiben drüber. Was soll jetzt noch kommen? Wollt ihr die vors Gericht schleppen?

MALTE. Sie sollen sich dazu verhalten, sich äußern, es eingestehen, es aufklären.

JESKO. Okay.

JOHANNES. Das ist eh in drei Jahren kein Thema mehr, Jesko. Du kennst die Aufmerksamkeitszyklen.

MALTE. Ach, und das ist gut, oder was?

JOHANNES. Ich sage es nur. Ihr regt euch beide auf je überzogene Weise auf.

MALTE. Das war ein systematischer und jahrzehntelang währender Missbrauch auf mehreren Ebenen und in den vielfältigsten Formen. Das geht bis in die Fünfziger zurück, setzte sich in den Sechzigern fort, wurde in den Siebzigern durch die ach so liberale Sexualisierung von allem noch angeheizt und in den Achtzigern in der Person Steins amtlich zentralisiert. Diese Willkürherrschaft. Diese perverse Tyrannei von Zuckerbrot und Peitsche. Dieser Psychoterror, dieses Günstlingssystem, diese Bildernötigung, diese Selbstverherrlichung, diese Ausnutzung von Macht, von Gefälle, dieser Horror auf geistiger und körperlicher Ebene, diese Übergriffe, immer ein Stückchen mehr und mehr und näher und tiefer. Und wir fanden das noch normal.
Das war aber nicht normal. Es war einfach überhaupt nicht normal.

JESKO. Die meisten fanden und finden es ziemlich normal. Etwas verschoben, aber im Rahmen.

MALTE. Lächerlich.

JOHANNES. Ist längst vorbei, diese Sichtweise, Jesko. Lass es.

JESKO. Wie, lass es.

JOHANNES. So können wir vielleicht wieder in fünf oder zehn Jahren reden. Jetzt ist es vorbei. Du siehst doch, was los ist.

JESKO. Und das soll man einfach so weiterrollen lassen?

JOHANNES. Natürlich. Es ist gut, wenn das Schweigen gebrochen wird.

JESKO. Aber da ist viel Gelaber, in diesem neuen Reden.

MALTE. Willst du jetzt auch noch gegensteuern?

JESKO. Nein.

MALTE. Also.

JESKO. Es ist übertrieben. Es mag Leidtragende gegeben haben, und das tut mir aufrichtig leid.

MALTE. Jetzt redet er schon wie so ein Kirchenfunktionär. Und dass Konstantin Stein einen blasen musste, das hat er sich ausgedacht, ja?

JESKO. Seit wann ist denn davon die Rede.

MALTE. Seit jetzt. Und pass auf, was da noch alles kommt.

JESKO. Das ist seine Wahrheit. Ich habe meine. Und was ich erlebt habe, lasse ich mir nicht nehmen.

MALTE. Was hast du denn erlebt, hä? Was hast du erlebt. Du willst es nicht wissen. Du weißt es nicht.

JESKO. Das ist das Gute. Wenn ich es nicht weiß, kann ich es mir aussuchen.

36

LEHRERIN. Zarter Flaum auf weicher Haut, wie sanft das Licht sich in ihm bricht und sammelt. Ich will ihn umwickeln, für immer bewahren, muss das Licht portionieren. Denn strahlt es zu heiß, wird er klanglos versengt. Und doch wird es passieren. Das, was nicht passieren darf, muss passieren, sonst wird man nicht, was sie erwachsen nennen. Und schon habe ich zu viel gesagt und rede giftigen Kitsch.

Ich habe nämlich Thomas Mann gelesen. Gymnasiallehrerin wollte ich damals werden, schrieb meine Abschlussarbeit über ihn, ganz begeistert – bis ich ihn verstand. Da überkam mich plötzlich der größte Ekel. Diese Veredlung der niedersten Triebe, diese Perversion im hohen Ton, und alle machen mit, das ganze Land, die ganze Welt, größer als Goethe. Nur ich konnte kein Stück mehr mitgehen, bei diesem »heißen Erschrecken, das der Fühlende leidet, wenn sein Auge ein Gleichnis der ewigen Schönheit erblickt«. Ich brach ab, verkam und ging zurück zu den Kleinsten. Denn solche Schönheit wollte ich nicht mehr sehen.

Doch die blinde Moral erstarrt und wird selbst zur Gefahr. Wie kann ich denn wissen, wo die Verletzung beginnt? Bin ich vielleicht schon Teil der Verletzung? Wenn ich die Kinder schütze, wie ich sie schützen möchte, ersticke ich sie fast. Jeder Trost ist auch ein Übergriff, jedes Mitleid eine Demütigung. Ich schütze sie und töte ihre Impulse, Impulse, die ich längst nicht mehr habe, da ich sie nur noch am Reißbrett entwerfe. Und das Leben macht draußen ohne uns weiter, tobt hinter Glas, bis es die Kinder meinem Zugriff entreißt und in den Sturm schickt, den ich meide. Dann geht es von vorne los, alle vier Jahre. Und jedes Mal stellt sich neu die Frage: Wie kann ich die Grenze erkennen, die zwischen Würgegriff und Umarmung liegt? Gibt es diese Grenze? Wo?

37

JOHANNES. Hunderte melden sich dieser Wochen bei uns und erzählen ihre Geschichten, sind dankbar und erschüttert. Erschüttert von dem, was sich zugetragen hat. Erschüttert darüber, wie sie es verdrängen konnten. Es ist ein Prozess der Bewusstwerdung, ein gemeinschaftliches Erinnern.

MALTE. Noch heute schütte ich Adrenalin aus, wenn ich einen klirrenden Schlüsselbund auf einem Flur vor meiner Tür höre. Es ist die reine, kalte Panik.

JOHANNES. Ich verstehe Jesko. Die Mentalität des Wegduckens ist allgegenwärtig. Jedes geschlossene System stellt seine eigenen Gesetze auf, und die sind oft auch noch wirksam, wenn das System sich längst erledigt hat.

JESKO. Coacht ihr euch gerade? Dann geht doch in die Talkshows damit.

MALTE. Schon dabei, Jesko, Sonntagabend, nach dem Tatort. Schalt gerne ein.

JESKO. In den Talkshows werdet ihr nur die Leere nach dem Auftritt erleben. Mir egal. Nur zu, macht euch zum Affen.

MALTE. Es geht nicht nur um uns. Es geht um alle da draußen. Es ist nicht nur unfassbar und unverantwortlich, was da geschehen ist, es ist eine Monstrosität. Das Ausmaß ist noch nicht abzusehen. Das sind wir. Das sind immer wieder wir.

JESKO. Es wird euch derart hart auf die Füße fallen, wenn der Spuk vorbei ist.

MALTE. Das glaube ich kaum. Und wenn, wird es nicht schaden.

JESKO. Der Schaden ist schon da.

MALTE. War er immer.

JOHANNES. Wer beschuldigt, ist sofort Opfer. Das ist die Krux. Davor hat er Angst.

JESKO. Ich habe keine Angst.

MALTE. O doch.

JESKO. Und Konstantin? Dem wird es richtig auf die Füße fallen.

MALTE. Von Konstantin wurden nicht nur Bilder gemacht. Schaut ihn euch doch an. Erst wird das Kind verwirrt, dann verführt, dann gebrochen. Und dann leidet es ein Leben lang.

JESKO. Ich rede das nicht klein. Aber es ist ein Einzelfall. Und er ist labil. Lasst ihn da raus.

MALTE. Das glaubst du doch selbst nicht. Dass das ein Einzelfall ist.

JESKO. Was bezweckst du eigentlich damit. Du, als Person.

MALTE. Aufklärung.

JESKO. Als würdest gerade du irgendwelchen aufklärerischen Werten nachhängen.

MALTE. Wir haben uns alle verändert, Jesko. Und manche entwickeln sich halt zu selbstverantwortlichen Wesen. Manche nicht. Ich will es wirklich wissen. Ich will sehen, wer ich war. Und reinen Tisch machen.

JESKO. Du bist dir über deine Motive doch überhaupt nicht im Klaren.

MALTE. Mehr als du in jedem Fall. Denk an den Anfang dieser Entwicklung, Jesko. Denk an dich dabei. Was hat dich so irritiert, dass du sogar erpressbar wurdest? Wo bist du vom Weg abgekommen? Seit wann ruderst du zurück? Immer verzweifelter, je stärker der Gegenstrom wird.

JESKO. Ich war nicht erpressbar.

MALTE. Du bist es mehr denn je.

38

KONSTANTIN. Ein Detail? Oder vielleicht zehn, oder zweihundert? Denkt nicht, dass ich alleine spreche. Denkt nicht, dass ich der Einzige bin. Aber jeder ist alleine mit der Erinnerung. Es ist keine Überraschung für mich, dass es endlich hochplatzt. Ich habe lange genug gewartet.
Das »Knechten«. Nicht viel. Die Daumen in die Muskulatur des Schlüsselbeins, eine Art Massage, nur viel zu stark, irgendwo zwischen Spiel und Schmerz. Nicht viel, doch eine Übertretung ist getan. Und so geht es weiter.
Auf einer Pritsche, krank. Keiner wollte zu Stein, alle wollten zu Frau Claaßen. Denn das Thermometer im Anus ist nicht das Schlimme gewesen, das Schlimme war sein Gebrummel, sein Gegrunze, durchaus tierähnlich.
Zeig mir doch mal, wie du deinen Penis wäschst.
Weißt du, dass man die Vorhaut zurückziehen muss, um sich auch dort zu waschen. Nackt vor ihm in gebückter

Haltung die Duschen putzen müssen, als Strafe für nichts, nach Schlägen mit dem Bambusstock. Dennoch ein schlechtes Gewissen haben. Dann, Tage später, seinen Arm auf der eigenen Schulter spüren, auf einer Parkbank. Sich weinend bedanken für seine Güte, geloben, ihm künftig nur noch Freude zu bereiten. Im Unterholz verschwinden.

Ein Detail. Dieses Zimmer also, wo auch Rilke gewohnt hatte, das Rilkezimmer, darin ich. Ich sah es als Abschiedsritual an. Ich war ja einer von ihnen. Ich war der, der im Rilkezimmer wohnte, der Zimmerstudium hatte, alleine lernen durfte, der ständig vom Flughafen abgeholt wurde. Ich hing im Patresturm, mein Bild in Jeans mit Rosen. Ich war ein Liebling.

Die Nacht war fast stofflich, dicht und schwarz, und er schnitt hindurch, schnitt hinein und setzte sich in meinen Sessel, weise, bräsig, ein Arbeiter im Rosengarten des Herrn, jahrtausendealt. Ich solle zu ihm kommen, bedeutete er mir, und das tat ich. Es war wie der letzte Akt einer Beziehung. Ich war so oft in sein Vertrauen gezogen worden, rein instinktiv. Ich war sein Vertrauter.

Er entblößte seinen Penis und forderte mich auf, vor ihm zu knien.

Das tat ich. Und den Rest auch. Fast dachte ich: endlich. Fast denke ich es noch heute.

Ich solle nichts davon meinen Eltern erzählen, sagte er noch. Dann sah er mich nicht mehr an, bis zum Abitur nicht. Es war vorbei. Ein Detail, im Rilkezimmer, Villa Verdi, in dieser stofflichen, fast schon greifbar dunklen Nacht. Ich sah es als Abschiedsritual an.

39

Jesko und Bettina.

JESKO. Was die alles reden und schreiben. Malte setzt sich als Coach in Szene, geriert sich als Vermittler und Spokesman. Erhofft sich *Fame* und neue Kunden. Johannes schwimmt so mit. Und Konstantin denkt, er kann sein Leben von vorne beginnen. Opfert sich erneut, ohne es zu wissen.

BETTINA. Er arbeitet es auf.

JESKO. Der Arme. Als würde das etwas bringen.

BETTINA. *Talking Cure.* Reden hilft.

JESKO. Er wird merken: Es ändert sich nichts.

BETTINA. Wenn *er* sich ändert, hat sich bereits was geändert.

JESKO. Zum Schlechten. Wenn dieser Spuk erst vorbei ist.

BETTINA. Das ist kein Spuk.

JESKO. Aber es ist auch nicht die Wahrheit.

BETTINA. Was soll schon die Wahrheit sein. Da gibt es tausend Wahrheiten.

JESKO. So relativistisch. Ich war auch für die Veröffentlichung, weißt du. Aber doch nicht so ein Opferkult, so ein Medienspektakel. Und dann nur von drei, vier Profilneurotikern. Die anderen bleiben im Dunkeln.

BETTINA. Weil sie nicht anders können

JESKO. Weil sie es wollen.

BETTINA. Wer das Schweigen bricht, bricht die Täter. Dass geredet wird, ist an sich schon heilsam. Und was beschwerst du dich? Es ist doch deine Sache, mit dir hat es begonnen.

JESKO. Und mit mir hört's auch wieder auf.

BETTINA. Machtwort, oder was.

JESKO. Wir werden uns schon zu wehren wissen.

BETTINA. Komm mal her.

JESKO. Ich bin doch da.

BETTINA. Näher.

Noch näher.

JESKO. Ich werde aufräumen.

BETTINA. Pscht. Wie lange ist es jetzt her. Zwei Wochen? Drei?

Hat dich das alles aufgerieben und ganz vergeistigt gemacht.

Hat es dich deines Körpers beraubt, hm. Komm, wir holen ihn zurück.

(Wollen miteinander schlafen.)

- Ein Mann als Opfer, was soll das denn sein.
- Männer opfern sich allerhöchstens selbst.
- Im Krieg, an der Front. Für die Arbeit, die Familie.
- Das sind Männer.
- Wenn ein sogenannter Macher merkt, was mit ihm gemacht wurde, ist das Machen auf verlorenem Posten.
- Wer als Opfer erkannt wird, ist doppelt Opfer, damals und jetzt.
- Er ist ein Opfer, ein Opfer der alten Tat, und ein Opfer der jetzigen Abstemplung.
- Kein Macher, kein gemachter Mann. Er macht nicht, nein, es wird mit ihm gemacht.
- Was willst du da machen.
- Du Opfer.

(Jesko kann nicht.)

JESKO. Tut mir leid.

BETTINA. Nicht schlimm.

40

MALTE. Es muss, erstens, eine strikte soziale Hierarchie vorhanden sein, die, zweitens, mit Angst arbeitet, da sie selber von Angst durchdrungen ist, und sich, drittens, von anderen sozialen Zusammenhängen separiert. Je stärker diese drei Faktoren werden – und je autoritärer die Struktur ist –, desto wahrscheinlicher ist es, dass Kinder in der Struktur zu Schaden kommen. Andererseits, nicht wahr, hat auch der antiautoritäre Flügel unserer Gesellschaft so manches Küken vor der Jugendmauser weggeschreddert, denken Sie an Kreuzberg, denken Sie an die Reformpädagogik. Es scheint fast jeder Erziehung ein perverser Keim innezuwohnen. Mit einer solchen Verallgemeinerung aber entlastet man die tatsächlich perversen Täter und stellt sie in einen gesamtperversen Zusammenhang, der so nicht da ist, jedenfalls nicht, wenn ich das Feld meiner Freunde und Bekannten wohlwollend überblicke. Was wirklich hinter den Fassaden passiert, weiß kein Mensch, ich am wenigsten, als kinderloser Hedonist, zu dem ich aus freien Stücken geworden bin. Aber ich weiß, was mir passiert ist, und ich werde den Teufel tun, diese Grausamkeiten nicht zur Sprache zu bringen, immer wieder auf sie hinzuweisen, sie hinauszuschreien in diese abgestumpfte Welt, deren Teil ich war, bin und sein werde. Nur denke ich, einen

Teil dieser Stumpfheit, dieser Abgeklärtheit, dieses Fatalismus abgeworfen und mich und somit die Welt, in der ich mich zunehmend als Fremdkörper bewege, neu erschaffen zu haben. Ich bin nicht verjährt. Und ich fühle mich besser als je, denn ich weiß jetzt, wo ich herkomme, und das ist mehr, als die meisten Menschen von sich behaupten können. Ich komme aus dem Zwiespalt und werde deshalb weiter mit gespaltener Zunge reden, wo es nötig ist. Wenn es so sein sollte, dass ein alter Lügenkomplex lediglich durch einen neuen ersetzt wurde, dann sei es so; der Komplex wird sicherlich ein gerechterer sein; und immerhin haben wir jetzt die Deutungshoheit, wir, und nicht ihr. Wir haben euch das Wort entrissen und einen neuen Anfang gemacht, denn am Anfang ist immer das Wort, und das Wort ist bei der Macht, und die Macht ist das Wort. Und dieses Wort: Das ist jetzt unser.

41

Jesko und Lehrerin im Bett.

LEHRERIN. Geht doch.
JESKO. Was?
LEHRERIN. Das war schön.
JESKO. Danke.
LEHRERIN. Wir wissen nicht viel voneinander, deshalb ist es so einfach.
JESKO. Aber bei dir habe ich manches abgelassen.
LEHRERIN. Und ich habe es nicht angenommen.

JESKO. Trotzdem habe ich ein schlechtes Gewissen.

LEHRERIN. Katholiken.

JESKO. Das hat damit nichts zu tun.

LEHRERIN. Ist ja wie in einem verlogenen Hotelzimmer hier.

JESKO. Wir sind in einem Hotelzimmer.

LEHRERIN. Das kennt man alles zur Genüge. Ich hätte aber gerne etwas, das man nicht kennt.

Und dass es einmal nicht so anstrengend wäre, einen Menschen kennenzulernen.

JESKO. Bin ich so anstrengend?

LEHRERIN. Nicht du. Es geht nicht um dich. Auch wenn ich gern geglaubt hätte, dass du dich in mich verliebst.

JESKO. Um was geht es dir dann?

LEHRERIN. Ich würde gerne einen unschuldigen Moment erleben, der nicht von einer Soap, einem Artikel oder einem Film abgeschaut ist. Einen echten. Einen echten Moment. Einen echten Menschen. Schon die Kinder sind verformt, bevor sie überhaupt sprechen können.

JESKO. Und was ist das hier? Alles fake?

LEHRERIN. Wenn zu fake gehört, dass fake sich seiner bewusst ist, dann nicht.

JESKO. Hä?

LEHRERIN. Es ist fake, aber du weißt es nicht. Und die morgige SMS sparst du dir bitte.

JESKO. Irgendwie hab ich mir das unkomplizierter vorgestellt.

LEHRERIN. Du bist der Komplizierte, der in Bildern und Fake-Momenten lebt und erst nachträglich alles wahr macht.

JESKO. Also bitte. Was heißt das schon wieder.

LEHRERIN. Hat deine Frau dir nicht schon eine Affäre unterstellt?

JESKO. Hat sie.

LEHRERIN. Und jetzt machst du es wahr.

JESKO. Und?

LEHRERIN. Hast du nicht einen großen Schaden erwartet von den lächerlichen Bildern?

JESKO. Schon.

LEHRERIN. Er ist längst da.

JESKO. Wegen uns?

LEHRERIN. Nein. Wegen dir.
Und der Unfall?

JESKO. Welcher Unfall?

LEHRERIN. Der nicht stattfand.

JESKO. Was ist mit dem.

LEHRERIN. Den wirst du auch noch wahrmachen.

42

– Mit Fassungslosigkeit und Bestürzung verfolge man die Entwicklungen und die in den vergangenen Tagen vorgebrachten Vorwürfe sexuellen Missbrauchs.

– Die Werte und Erziehungsideale des Franz-Xaver-Kollegs als katholischer Schule und Internat blieben für die Unterzeichner, die Ehemaligen und Eltern, durch die Ereignisse dabei unberührt.

– Man sei daher dankbar für die Initiative der Schulleitung und des Ordens, hier eine rückhaltlose Aufarbeitung aller Vorwürfe zu betreiben.

– Mit großer Betroffenheit habe man den Rücktritt des

Rektors des Kollegs, Pater Meinrad Bosch, zur Kenntnis genommen.

– Man respektiere den Schritt von Pater Bosch, und doch bedauere man diesen Entschluss zutiefst.

– Die Werte und Erziehungsideale des Kollegs als katholischer Schule und Internat blieben für die Unterzeichner durch die Ereignisse dabei unberührt.

– Das Franz-Xaver-Kolleg sei stets geprägt von einer Atmosphäre der Offenheit gewesen, mit der Anleitung zu selbstverantwortlichem und verantwortungsbewusstem Handeln.

– Man blicke auf eine unbeschwerte, prägende und motivierende Schulzeit zurück, für die man dem Kolleg, dem Jesuitenorden und den dort tätigen Lehrern und Erziehern besonders dankbar sei.

– Gleichzeitig sei es den Unterzeichnern ein Anliegen, ausdrücklich mitzuteilen, dass sie während und nach ihrer Zeit als Schüler, weder sexuelle Gewalt, noch Missbrauch am Kolleg erlebt hätten.

– Man sichere der Schule, dem Orden und insbesondere auch den jetzigen Schülern jetzt und in Zukunft seine volle Unterstützung und Solidarität zu.

– Die Werte und Erziehungsideale des Kollegs als katholischer Schule und Internat blieben für die Unterzeichner durch die Ereignisse dabei unberührt.

43

Jesko, Malte. Malte mit Brief in der Hand.

MALTE. Was ist das denn für ein Dreck.

JESKO. Man solidarisiert sich mit seiner Herkunft. Man räumt auf.

MALTE. Hast du das veranlasst.

JESKO. Nein.

MALTE. Aber unterschrieben.

JESKO. Ja. Wie fünfhundert andere.

MALTE. Und finanziert?

JESKO. Nein.

MALTE. Du hast das geschrieben.

JESKO. Nein, verdammt.

MALTE. Das ist doch Vertuschung. Da ist kein Wort von den Opfern die Rede. Was ist denn das für eine Status-Scheiße. Und wieso wird Bosch jetzt so hochgehalten.

JESKO. Bosch war integer.

MALTE. Mit jedem Tag, den er weiter schweigt, zerfällt seine Integrität.

JESKO. Was soll er machen. Sein Lebenswerk ist kaputt.

MALTE. Sich selbst aufklären. Verantwortung erkennen. Reden. Bosch sein.

JESKO. Ist das nicht ein bisschen viel verlangt?

MALTE. Scheiß auf ein Lebenswerk, das Leben zerstört. Ihr denkt, ihr könnt euch mit so einem öffentlichen Brief reinwaschen. Ist aber nicht so. Jede unserer Biografien ist besudelt.

JESKO. Und einmal besudelt, müssen wir uns jetzt ewig im Dreck wälzen, oder was.

MALTE. Eigentlich müsstest gerade du etwas sagen. Öffentlich. Als Repräsentant. Du sitzt an den Hebeln. Aber nein, du unterschreibst Solidarisierungsdepeschen mit den Tätern.

JESKO. Die Hebel bringen eh nichts.

MALTE. Wenn man sie nicht bewegen will. Dann bringen sie nichts. Wenn du nichts von dir wissen willst, nichts von dem, wo du herkommst, dann kannst du auch einfach so bis zum Tod weiterleben, ohne einen weiteren Gedanken an dich zu verschwenden.

JESKO. Machen das nicht alle?

MALTE. Du bist ja wie Bosch. Jetzt sehe ich es. Ein Mitwisser und Vertuscher. Aber dabei so was von integer. Hauptsache, deine Elitebiografie steht. Was für eine Elite überhaupt. Mittelmaß herrschte, nur wurde stillschweigend behauptet, es gäbe da einen Vorsprung vor den anderen. Narzisstischer Tausch von symbolischem und finanziellem Kapital. Man bleibt prächtig unter sich in geistiger Leere. Was ein Sumpf.

JESKO. Weshalb bist du eigentlich hier? Willst du mich coachen?

MALTE. Stein ist tot.

JESKO. Ich weiß. Spielt das eine Rolle?

MALTE. Dramaturgisch jedenfalls gut gesetzt. Jetzt ist er der zornige, unanklagbare Gott, der ewig über uns hängt.

JESKO. Du übertreibst

MALTE. Und die Bilder sind übrigens alle verbrannt.

JESKO. Was?

MALTE. Ja, schon vor drei Jahren. Geil, was?

JESKO. Wer sagt das.

MALTE. Die. Haben sie auf eine Nachfrage gemacht. Da gab

es einen, der hat schon vorher gefragt. Und sie wohl eingesehen. Und Stein hat der Missbrauchsbeauftragten gestanden, pädophil zu sein. »Kopfpädophil« hat sie daraus gemacht. »Kopfpädophil.«

JESKO. Es sind gar keine Bilder mehr da, restlos?

MALTE. Sagen die. Seit drei Jahren. Und sagen keinem Bescheid.

JESKO. Aber das ist doch gut.

MALTE. Nichts ist gut, Jesko, nichts. Noch immer wird auf unsere Bedürfnisse geschissen.
Du hast dich ja gesehen. Ich nicht.
Vielleicht sind deine Bilder am Ende die einzigen Beweismittel. Komm nicht auf die Idee, die zu vernichten oder zu löschen.

JESKO. Und wenn ich das bereits getan habe?

MALTE. Hast du nicht.

JESKO. Es wird keinen Prozess geben. Wozu Beweismittel.

MALTE. Du hast wirklich rein gar nichts verstanden.

JESKO. Ich habe mehr verstanden als du.

MALTE. Das wird nie mehr ungeschehen sein.

JESKO. War es nie. Das ist ja der Punkt.

MALTE. Weißt du was? Gib mir mal deine Bilder.

JESKO. Was? Du spinnst doch.

MALTE. Doch, mach mal. Ich trau dir nicht mehr.
(Gerangel ums Handy. Währenddessen löscht Jesko das Bild.)

JESKO. So. Gelöscht.

MALTE *(prügelt auf Jesko ein).*
Du Bückstück
Hast
Deren Arm

Noch Immer
Hast ihn
Bis zum Ellenbogen
Im Anus
Stecken
Bückstück
(Lässt ab.)

JESKO. Du kommst auch noch dahin.
(Malte geht ab.)
Ihr kommt da alle noch hin.
Heftet euch Aufklärungsorden ans Revers, haltet eure verlebten Fressen in die Kamera, flüstert euch tausend falsche Gründe zu, warum euer verdammtes Leben gegen die Wand gefahren ist, oder schreit doch, schreit, bis eure Stimmen zum Sturm werden, der uns in alle Richtungen fegt: Ihr kommt auch noch dahin.
Wühlt herum in dem, was sich nicht ändern lässt, bewertet es neu, zerreißt euch die Mäuler, die schandgeplagten, messt euer Leben neu aus, das doch schon vorbei ist, blickt gefassten Auges in den Abgrund der Linse, habt recht, habt tausendmal recht: Ihr kommt auch noch dahin.
Beklagt und verwünscht die Missetaten, fickt den Diskurs, diese unergiebige Leiche, bis er neue, tote Wahrheiten wirft, entwerft euch neu und geht endlich ganz verloren. Und dann, dann kommt hierhin.
Hierhin, wo ich bin.
Hierhin, zu mir.

44

– Der Mediensturm entlud sich noch zwei, drei Wochen, zog dann weiter, zerstob. Bald kam eine Fußball-Weltmeisterschaft, oder eine Finanzkrise, oder ein royales Baby, irgendwas, das die Zeilen und Monitore und Hirne neu betankte.
– Die Schuld war währenddessen auf einen Toten abgewälzt und begraben worden.
– Schuldige wurden zwar noch vereinzelt gesucht, auch unter den Eltern, doch mit der Schuld ist es so eine Sache. Ein Gespräch, und sie löst sich in Wohlwollen auf. Man darf einander nicht zu tief in die Augen blicken.
– Monate vergingen. Zahlungen wurden vereinbart und geleistet.
– Manche lebten einfach so weiter. Manche nicht.

45

Videoaufnahme. Konstantin blickt in die Kamera, trinkt dabei Wodka aus der Flasche, ruckelt die Kamera zurecht. In der Kadrage ein schlichter Stuhl vor einer Tür, über die, an der Klinke auf der anderen Seite festgemacht, ein Seil geworfen ist. Noch ein letzter, langer Schluck. Stellt die Flasche ab, den Stuhl weg. Hängt sich in die Schlaufe, versucht, sich zu erdrosseln, zuckt, kämpft, krampft. Hält inne. Schnitt.

46

– Die Kouroi ab 480 zeigen erstmals das Motiv des entspannten Stehens.

– Der Körper ruht nicht mehr in strenger Symmetrie auf den beiden gleichtragenden Stützen der Beine, nein, jetzt trägt eine Stütze allein, das »Standbein« nämlich, des Körpers volles Gewicht; das andere Bein wird als Spielbein völlig entlastet und kann frei zur Seite gesetzt werden.

– So.

– Die Hüftachse kommt ins »Hängen«, wird schräg gestellt, wodurch sich die Wirbelsäule in sachter S-Kurve nach oben schwingen muss, um den Schwerpunkt des Körpers senkrecht über der Unterstützungsfläche zu halten.

– So?

– Schwul.

– Die Schulterachse, die rechtwinklig zur oberen Hälfte der S-Krümmung steht, findet sich so in einer der Hüftachse entgegengesetzten Schräglage wieder. Damit ergibt sich nach der Standbeinseite hin ein Zusammenlaufen aller von der Schulterachse herabhängenden Gelenkverbindungen mit den von der Hüftachse abhängigen Verbindungen der Hüftbeinkämme wie der Kniegelenke – und umgekehrt ein Auseinanderlaufen dieser Verbindungen nach der Spielbeinseite.

– Dieses entlastete Stehen mit seiner kaum merklichen, aber konstruktiv alles entscheidenden Achsenverschiebung produziert einen neuen Bewegungsausdruck der Entspannung, des gelassenen Insichruhens, der nach den Perserkriegen für fast alle Figuren der Früh- und Hochklassik typisch ist.

– Kommt zu dieser durch die Statik des Stand- und Spielbeins bedingten Achsenlage noch der Wechsel von Aktivität und Passivität und der Wechsel von Vor und Zurück hinzu, so bezeichnet man diese Stellung als »Klassischen Kontrapost«.

– Ich erinnere mich.

– Ich auch. Das hatten wir.

– Wechsel von Aktivität und Passivität. Unbedingt.

– Der »klassische Kontrapost« entspricht einer vollkommenen Ausgewogenheit aller Teile gegeneinander.

– So?

– So.

– Nein, so.

– Wegen der Überkreuzung von Be- und Entlastung wird dieses Schema nach dem griechischen Buchstaben X (also Chi) auch »Chiasmus« genannt.

– Was auch eine rhetorische Figur ist.

– Ich erinnere mich: schwarze Milch der Frühe.

– Quatsch.

– Ist Céline.

– Celan.

– Trotzdem Quatsch, Gott ist groß, klein bin ich. *Das* ist ein Chiasmus.

– Und das:

> Doch weil wir wissen,
> Dass der Mensch durch Werke des Gesetzes nicht
> gerecht wird,
> Sondern durch den Glauben an Jesus Christus
> Sind auch wir zum Glauben an Christus Jesus
> gekommen
> Damit wir gerecht werden durch den Glauben an
> Christus

Und nicht durch Werke des Gesetzes;
Denn durch Werke des Gesetzes wird kein Mensch gerecht.

– Genau.

– Schwul.

(Alle in Positur. Blitz.)

47

BETTINA. Das war's. Es kostet zu viel Kraft, diese Lüge aufrechtzuerhalten. Ich hab's lange versucht, war ständig am Abgleichen. Doch trotz aller Anstrengungen wird deine Lebenslüge langsam auch zu meiner. Und was machst du dagegen? Nichts.

JESKO. Ich mache sehr viel. Und wenn ich nichts mache, ist das fast noch anstrengender, als wenn ich etwas mache. Wenn ich nichts mache, mache ich in Wahrheit am meisten.

BETTINA. Will ich die Kinder mit solchen pseudoschlauen Floskeln aufziehen, ist meine Frage.
Es war schwer genug, mit deinen Eltern auf einen Nenner zu kommen. Und jetzt –

JESKO. Ja, jetzt. Was jetzt.

BETTINA. Ich kenne deine Angst. Ich weiß, dass dieser Konstantin dir vor Augen geführt hat, was Konsequenz heißt.

JESKO. Durch einen Selbstmord? Lächerlich.

BETTINA. Ich habe kein Problem mit Männern, die Opfer sind, sondern mit solchen, die keine Opfer sein können.

JESKO. Und? Was folgt daraus.

BETTINA. Ich muss drüber nachdenken.

JESKO. Du willst es nur outsourcen. Die ganze Zeit wolltest du es nur outsourcen und weiterdelegieren, an die Polizei, die Therapie. Aber das klappt nicht. Man muss innen damit fertig werden.

BETTINA. Muss man nicht, kann man nicht.

JESKO. Was willst du jetzt machen.

BETTINA. Weiß ich nicht. Ich kann dir nicht helfen, ich kann mir nicht helfen.

JESKO. Du willst doch wohl nicht ausziehen?

BETTINA. Es muss sich setzen. Mehr weiß ich nicht.

JESKO. Bettina –

BETTINA. Nein. Stopp.

48

JOHANNES. Ich bin nicht erschüttert. Ich war es auch nicht. Konstantins Tod nahm mich mit, gut. Das war nicht ohne. Guter Coup, arme Sau. Doch war das nicht der eh logische Schlusspunkt unter einem lange gebrochenen Leben? Wo sollen denn die Kausallinien hinführen? Alles eine Sache der Interpretation. Und ich weigere mich eben, die Sachen zu Ende zu interpretieren. Ich bin Anwalt, ich kann es Ihnen erst so auslegen, dann so. Das Gegenteil von allem ist genauso wahr wie die Grundaussage. Dreimal Ja bedeutet einmal Nein. Ich bin flexibel und weiß, dass nichts festgeschrieben steht und noch das größte Verbrechen verjährt. Und ich bin einfach nicht erschüttert. Ich war weder vorher übermäßig stolz auf diese im Grunde mittelmäßige Schule noch nachher besonders peinlich berührt. Die Scheiße ist in den Ventilator geflogen. Und? Das liegt in der Natur der Scheiße. Ich sage dazu nichts mehr. Wozu soll ich mich äußern? Es ist, wie es ist, und drei Jahre später ist es anders oder noch genauso. Nennen Sie mich Fatalist oder gar Defätist, oder lassen Sie es. Es erreicht mich nicht. Gleich bin ich verschwunden, und dann sind Sie wieder allein, werden mich vergessen, so wie ich Sie. Und Sie werden denken, war ja ein Ding, aber was genau war das jetzt? Und es dann schnell wieder vergessen. Man kann jeden Tag so oder so deuten, nicht wahr. Wie dann erst die Jugend.

49

Beerdigung. Jesko, Johannes, Malte in einer Reihe. Abseits Sandra.

MALTE. Keine Worte. Das ist stark.

JOHANNES. Das ist nur konsequent.

MALTE. Die Sprache versagt. Vor diesem Schicksal, das auch unseres ist.

JESKO. Das ist nicht unser Schicksal. Er war eh verloren. Und du hast ihn noch weiter reingeritten.

MALTE. Halt doch einfach dein Maul, Jesko

JESKO. Ich habe ihn jedenfalls nicht durch den Medienzirkus geschleift. Ich war das nicht.

JOHANNES. Ruhe.

(Sandra tritt vor mit einem Brief.)

MALTE. Wer ist das.

JOHANNES. Die Freundin.
MALTE. Wusste ich gar nicht.
JOHANNES. Als wüssten wir irgendwas über den anderen.

SANDRA. Das sind Konstantins letzte Worte.
»Wenn es mit Aufnahmen begann, soll es auch mit solchen aufhören. Gott möge die Bilder von damals mit diesen von heute vergleichen und sehen, dass eine direkte Linie von den einen zu den anderen führt, dass es eigentlich dieselben Bilder sind. Dann möge er mich in Ruhe meinen Frieden finden lassen. Meine Peiniger haben sich ihm nicht gestellt, und auch ich werde es nicht tun. Ich werde mich Gott nicht stellen. Denn es gibt keine Erlösung. Ich dachte, es gäbe sie, ich hatte daran geglaubt, deshalb blieb ich hier. Es gibt sie nicht, das weiß ich jetzt, man kann reden, wie man will. Man kann sich wehren, wie man will, je stärker man sich wehrt, desto stärker werden die Mächte, die dich wehrlos machen. Mein Beispiel möge manchen als Mahnung dienen. Oder als Nullbotschaft. Denn ihr könnt warten, so lange ihr wollt. Es wird nicht kommen. Es gibt keine Erlösung.«
(Legt den Brief ins Grab.)

MALTE. Das ist stark.
JESKO. Was ist denn jetzt stark, mit oder ohne Worte?
JOHANNES. Ich bitte euch.
MALTE. Ich wusste gar nicht, dass er gläubig war.
JESKO. Wer »Gott« sagt, ist nicht gläubig.
(Johannes geht zu Sandra und kondoliert. Die anderen tun es ihm gleich.)
SANDRA. Danke.

MALTE. Natürlich ist keiner von der Schule da. Es wird einfach ignoriert.

JOHANNES. Konstantin würde es hassen, wenn einer da wäre.

MALTE. Trotzdem wäre es angebracht.

JESKO. Daran sieht man wieder, dass dir Konstantin im Grunde scheißegal war. Alles geheuchelt.

MALTE. Und dir?

JESKO. Ich stehe wenigstens dazu. »Manche freilich müssen drunten sterben.«

JOHANNES. Nicht am Grab, Leute. Ich kann es nicht mehr hören.

MALTE. Es gibt jetzt einen Täter und ein Opfer. Beide tot. So kann man es abschließen. So kommt der Sargdeckel drauf. Und Jesko kann beruhigt nach Hause fahren, die Bezahlschranke ölen und seine Ehe kitten.

JESKO. Man kann nicht ewig weitermachen.

MALTE. Manche halten sich schadlos, egal, was passiert. Ich wünsche dir noch ein gutes Leben, Jesko.

JESKO. Werde ich haben.

Dir auch.

MALTE *(zu Johannes)*. Bis bald.

(Malte ab.)

JOHANNES. Das ist doch pietätlos. Diese lächerlichen Streitigkeiten.

JESKO. Ich habe nicht angefangen.

JOHANNES. Wenn man es recht bedenkt, hast du mit allem angefangen. Und hast dich, als es ernst wurde, verpisst. Wer hat denn diese Bilder nun an dich verschickt? Stein, oder was. Oder du selbst?

JESKO. Ich weiß es nicht.

JOHANNES. Egal. Es ist alles egal inzwischen. Bis dann, Jesko. Wir sehen uns.

JESKO. Bis dann.

(Johannes ab.
Jesko und Sandra allein. Schweigen. Jesko ist verlegen, zuckt mit den Achseln, macht ein Abschiedszeichen, will gehen.)

SANDRA. Ich war das.

JESKO. Bitte?

SANDRA. Ich habe Ihnen diese Bilder geschickt.

(Pause.)

JESKO. Was. Und warum.

SANDRA. Das weiß ich nicht mehr.

JESKO. Wie, das weißt du nicht mehr.

SANDRA. Ich könnte die Gründe aufzählen, aber sie sind hohl geworden.

JESKO. Was.

SANDRA. Ich dachte, wenn es auffliegt, dann wird er es los. Dann gibt es ihn frei. Jahrelang verkommt er und klebt am Boden und zerfällt. Einmal wieder auferstehen. Und die Geschicke an sich reißen.

JESKO. Und darum muss man mich erpressen, oder wie.

SANDRA. Es tut mir leid. Ich breche fast zusammen.

JESKO. Komm.

(Jesko stützt Sandra.)

SANDRA. Helfen Sie mir?

JESKO. Ja.

50

– Es war kein Zufall, dass Jesko Drescher, gleich nachdem er auf der Beerdigung des ehemaligen Schulkameraden war, seinen Todesengel zur letzten Fahrt lud.

– Die Tatsache, dass er eine Viertelstunde später von der Straße abkam und einen verheerenden Unfall baute, wurde von keiner Kamera eingefangen. Nur das Ergebnis, ein Crash wie auf den kältesten Popkunstwerken, ging durch die Blätter, die er doch kontrolliert hatte.

– Man kennt das Bild: ewiger Kuss des Lenkrads, Landkarte aus Blut sickert aus der Schläfe. Wunderschön, wie bei Warhol.

– Denn ohne Schönheit keine Moral.

– Wer das Lenkrad herumgerissen hatte und den Wagen schnurstracks innerhalb von zwei, drei Sekunden gegen einen Baum lenkte, schien offensichtlich.

– Dabei könnte man vielleicht davon ausgehen, dass Jesko kaum Gegenwehr leistete. Man könnte auch andere Spekulationen anstellen, aber aufgrund der fremd -und selbstgefährdenden Vorgeschichte seiner Mitfahrerin wurde Jesko nicht verdächtigt.

51

Jesko und Sandra im Wagen.

JESKO. Wir sind bald da.
Bist du dort stationär?
SANDRA. Nein. Ich war. Und ich muss wieder.

JESKO. Habt ihr euch da kennengelernt, oder was.

SANDRA. Ja. Woher weißt du das?

JESKO. Geraten.

SANDRA. Man bleibt unter sich, was? Alle bleiben unter sich. Die Irren, die Reichen, jeweils unter sich.

JESKO. Da gibt es durchaus Schnittmengen.

SANDRA. Nicht in meiner Welt. Und die ist jetzt leer. Wir wollten zusammen gehen. Er hat mich alleine gelassen.

JESKO. Sandra, es tut mir sehr leid. Aber mich trifft in dieser Sache absolut keine Schuld. Ich weiß auch gar nicht, warum du mich erwählt hast.

SANDRA. Die Auswahl war nicht sehr groß. Und schau dich an. Du bist der Mächtigste.

JESKO. Das täuscht, und wie das täuscht. Du siehst doch, ich konnte gar nichts machen.

SANDRA. Damit beruhigst du nur dein Gewissen.

JESKO. Das stimmt einfach nicht.

SANDRA. Es spielt jetzt auch keine Rolle mehr.

JESKO. Wie seid ihr überhaupt an die Bilder gekommen?

SANDRA. Er hat mit einem Prozess gedroht. Da machten sie auf. Als sie merkten, wie es um ihn steht, machten sie allerdings schnell wieder zu. Er war keine Gefahr. Du wärst eine Gefahr gewesen.

JESKO. Ich will jetzt keine Vorwürfe machen. Aber du hättest das alles ruhen lassen sollen.

SANDRA. Dein Mantra, was? Es war die letzte Möglichkeit.

JESKO. Und die war eine Sackgasse.

SANDRA. Und jetzt ist bald alles ruhig, so ruhig, wie du es schon immer wolltest.

JESKO. Wieso seid ihr nicht offen zu mir gekommen. Ich hätte euch doch unterstützt.

SANDRA. Hättest du.

JESKO. Ja. Vielleicht hätte ich geredet. Vielleicht hätte ich reden sollen.

SANDRA. Wäre es nicht schön, wenn einfach alle Lügen aufhörten?

JESKO. Jetzt bringen wir dich erst einmal dorthin. Da wird dir geholfen.

SANDRA. Du kennst dich aus. Und hast am Ende immer recht.

JESKO. Vielleicht geht es nicht mehr ums Rechthaben.

SANDRA. Späte Erkenntnis.

JESKO. Da vorne links?

SANDRA. Ja. Den Schildern nach.

Jesko?

JESKO. Ja?

SANDRA. Ich bin froh jetzt. Ich habe alle Motive verloren.

JESKO. Hört sich nicht schlecht an. Eine Form von Freiheit.

SANDRA. Schneller. Ich halte es nicht aus.

JESKO. Ich darf nur sechzig.

(Schneller.)

SANDRA. Jesko?

JESKO. Ja?

SANDRA. Danke.

JESKO. Wofür?

52

– Der ansehnliche Bremsweg rieb sich quietschend in die Straße und endete unmittelbar in einem Baum, den es wuchtig aus dem Boden hob.
– Die angeblich ablaufenden Bilder, die kurz vor dem Tod einem jeden, wie berichtet wird, vor den schockstarren Augen flirren, Bilder des eigenen Lebens, Bilder von Knotenpunkten der inneren und äußeren Biografie, sie blieben aus.
– Sie waren doch schon längst abgelaufen, monatelang, vor 1
seinen und vor aller Augen.
– Dass die vom Ableben ihres Lebensgefährten sicherlich noch mitgenommene und sowieso, man muss es noch einmal sagen, psychiatrieerfahrene Mitfahrerin ihm ins Lenkrad gegriffen hatte, konnte nicht hundertprozentig nachgewiesen werden, die Körperhaltungen der ins Metall verkeilten Körper waren hierin nicht eindeutig.
– Manche blieben dabei: Ein Unfall ist ein Unfall.
– Und neue Bilder tauchten nie wieder auf.

(Hell. CRASH.*)* 2

ENDE

Nachwort

Thomas Melle

»Du bist der Komplizierte, der in Bildern und Fake-Momenten lebt und erst nachträglich alles wahr macht.« (S. 89)

Wie lassen sich in einem Nachwort kurze Informationen zu einem Autor geben, der sich in seiner Literatur, auch und gerade dann, wenn sie ›persönlich‹ wird, fixierenden Zuschreibungen widersetzt und an deren Stelle das literarische Spiel von Fakten und Fiktionen treten lässt? Vielleicht lässt sich diese Aufgabe nur lösen, indem man Thomas Melles literarische Gestaltungstechniken auch für diese Frage fruchtbar macht – und zunächst einige ›Bilder von ihm‹ entwirft, genauer: zitiert.

Das erste, das Bezug nimmt auf die vermeintlich harten Fakten, sei einer einschlägigen Website für Theaterkritiken, *nachtkritik.de*, entnommen:

»Thomas Melle, geboren 1975 in Bonn, ist Autor von Prosa- und Theatertexten sowie Übersetzer. Melle studierte Vergleichende Literaturwissenschaft und Philosophie in Tübingen, Austin (Texas) und Berlin. 2006 war er beim Ingeborg-Bachmann-Preis vertreten. 2009 wurde sein Stück ›PARTNER‹ zum Heidelberger Stückemarkt eingeladen. 2011 erschien Melles erster Roman ›Sickster‹. Mit dem Roman ›3000 Euro‹ (2014) ebenso wie mit seiner autobiographischen Depressionsstudie ›Die Welt im Rücken‹ (2016) stand er auf der Shortlist des Deutschen

> Buchpreises. Mit seinem Theatertext ›Bilder von uns‹ wurde er 2016 erstmals zu den Mülheimer Theatertagen eingeladen. Melle erhielt für sein Werk zahlreiche Auszeichnungen.«[1]

Ein zweites Bild hat der, um den es hier geht, in seinem Erzähltext *Die Welt im Rücken* von sich gezeichnet, mit allen Vorbehalten, die für die Verwendung dieses unscheinbaren Reflexivpronomens geltend zu machen und die immer auch Gegenstand dieses Textes sind. Hier heißt es:

> »Wie soll denn das auch klappen: Ein Arbeiterkind aus schwierigen Verhältnissen wird von den Jesuiten intellektuell aufgepimpt, von Nabokov ins Schöngeistige verschickt und vom Studium ins Nichtmehrvorhandensein theoretifiziert, und das soll dann, die Genetik noch im Nacken, ein Dichter werden, oder wie, ein glücklicher Mensch? Hört mir auf! [...] Es gibt ein Versprechen in der Popmusik, der Dichtung, den Filmen, dem das Leben gar nicht genügen kann. Deshalb verharre ich in diesem Versprechen und schaue mir das Leben nur von außen an.«[2]

Zwei Perspektiven auf ein und dasselbe Leben, keine wahrer oder falscher, keine mehr oder weniger relevant als die andere. Und vielleicht noch eine dritte: Thomas Melle war bis zu seinem Abitur Schüler des von Jesuiten geleiteten

1 Eintrag zu »Melle, Thomas« im Lexikon von *nachtkritik.de*, www.nachtkritik.de/index.php?option=com_seoglossary&view=glossary&catid=78&id=411&Itemid=0 (Stand 10. 6. 2021).
2 Thomas Melle, *Die Welt im Rücken*, Berlin 2016, S. 344 f.

Aloisiuskollegs, genannt Ako, in Bonn-Bad Godesberg. 2010 kommen Berichte an die Öffentlichkeit, denen zufolge über Jahrzehnte hinweg, bis in die 2000er Jahre hinein, eine große Zahl von Schülern unter dem Leiter der Anstalt missbraucht und misshandelt wurden, getragen von einem System, das diese Taten deckte und/oder sich an ihnen beteiligte.[3] »Mindestens 18 Jesuitenpatres und fünf weltliche Mitarbeiter lebten über einen Zeitraum von 60 Jahren an den Kindern ihre Machtgelüste und sexuellen Fantasien aus. Bisher haben sich 67 Opfer aus drei Generationen gemeldet, die jüngsten sind Mitte 20.«[4]

Bilder von uns

»Mir kommt das so gekünstelt vor.« (S. 15)

In kaum einer Aufführungskritik zu *Bilder von uns* fehlt der Hinweis darauf, dass Melle sich »in vielen Details an den Berichten aus dem Aloisiuskolleg«[5] orientiere. Das ist auch zweifellos der Fall; die Ähnlichkeiten etwa zwischen der

3 Vgl. Claudia Keller, »System des Mitwissens. Missbrauch am Bonner Aloisiuskolleg«, in: *Der Tagesspiegel*, 8. 8. 2013, www.tagesspiegel.de/gesellschaft/panorama/missbrauch-am-bonner-aloisiuskolleg-segeltoerns-mit-den-lieblingsschuelern/8609106.html (Stand: 10. 6. 2021).

4 Ebd.

5 Julie Metzdorf, »Ein Theaterstück über Missbrauch am Aloisiuskolleg Bonn«, in: *BR24*, 22. 1. 2016, www.br.de/nachrichten/kultur/ein-theaterstueck-ueber-missbrauch-am-aloisiuskolleg-bonn,64u30c1m64wk8dhm6mvk8d1g68ukc (Stand: 10. 6. 2021).

Figur des Schulleiters in dem Stück, Pater Stein, und dem früheren Leiter des Kollegs sind frappant; Gleiches gilt für Schilderungen des Schul- und Internatsgeländes, für Details der Gebäude bis hin zu der Villa, in der der damalige Schulleiter residierte und seine Fotos von nackten oder kaum bekleideten Schülern an den Wänden hingen, sichtbar für die Schulöffentlichkeit.

Und doch kann schon dem Titel des Stücks, »Bilder von uns«, entnommen werden, dass Melle die Ungeheuerlichkeit der Missbrauchsfälle in *dramatische* Bilder wandelt und so in ein literarisches Experiment überführt. Hierin wird gerade nicht versucht, das Unbegreifliche in einem aufklärerischen Sinne doch noch verständlich zu machen; es wird nicht psychologisch ›aufgearbeitet‹, sondern kommt als ein buchstäblich inszeniertes Geschehen so zur Darstellung, dass es aus unterschiedlichen Perspektiven reflektiert werden kann. Melle hat, bei allen mehr oder minder rasch zu decouvrierenden Bezügen zum Missbrauchsskandal am Bonner Aloisiuskolleg, ganz anderes und viel mehr als Schlüsselliteratur verfasst, spiegelt das Drama doch Authentizität und Inszenierung, Fakt und Fiktion so ineinander, dass das eine nicht ohne das andere gedacht werden kann.

Bilder von uns wurde 2016 unter der Leitung von Alice Buddeberg am Theater Bonn uraufgeführt. Eine weitere Inszenierung von Henri Hüster am Schauspiel Wuppertal folgte im Jahr darauf. Beide Inszenierungen wurden zum NRW-Theatertreffen in den Jahren 2017 respektive 2019 eingeladen. Darüber hinaus produzierten der Deutschlandfunk Kultur und der NDR 2017 unter der Regie von Steffen Moratz eine Hörspielfassung des Stücks, die der Deutschlandfunk erstmals am 3. 10. 2017 sendete.

Authentizität und Inszenierung – oder: Das Drama zum Drama

> »Wenn ein Drama angedacht ist, wird es auch stattfinden, nur in welcher seiner Versionen, ist noch die Frage. Ein Drama, das angedacht wurde, hat aber auch bereits stattgefunden, und wenn nur im Kopf. War es angedacht, ist es nicht mehr wegzudenken.« (S. 45)

Das eigentliche Corpus Delicti, die die Handlung in Gang setzenden und vorantreibenden Fotos der nackten oder kaum bekleideten Schüler, wird präsent nur in den Wellen, die diese »Bilder von uns« aus der Vergangenheit in den Köpfen und Leben der längst Erwachsenen schlagen. »Körper« und »Stimmen«, beide unter den Dramatis Personae aufgeführt (S. 5), bleiben konstitutiv ebenso aufeinander bezogen wie Gegenwart und Vergangenheit; ein vordiskursiver Zugriff auf den Körper – und somit auch auf seinen Missbrauch und den Umgang hiermit – kann nicht gedacht werden.

Zugleich arbeitet der Text an vielen Stellen mit autoreflexiven und metadramatischen Elementen, die seine eigene Literarizität, seine eigene ästhetische Faktur kenntlich machen und immer wieder signalisieren, dass hinter dem Einsatz dieser Mittel nicht ein *l'art pour l'art*-Konzept steht, sondern gerade das Streben nach Authentizität in einem umfassenderen Sinne: »[D]as Authentische kann«, so Thomas Melle im Kontext seiner in der FAZ abgedruckten Dankesrede anlässlich der Ernennung zum 44. Stadtschreiber von Bergen-Enkheim,

»ganz gegen die alltagssprachliche Intuition, am Ende nur durch die größte Kunstanstrengung erreicht werden. Es muss durch und durch gemacht sein. Und dann gilt nicht: je kunstloser, desto authentischer, sondern: je kunstfertiger, desto authentischer. Erst wenn etwas durch die penibelste Formung und die stupendeste Künstlichkeit gegangen ist, kann es ›echt‹ werden, und zwar wirklich echt werden und nicht nur so wirken.«[6]

Autoreflexive und metadramatische Verweise auf die Konstruiertheit des Stücks im Sinne jener »penibelste[n] Formung« und »stupendeste[n] Künstlichkeit« beginnen bei dem bereits angesprochenen Titel und zeigen sich verschiedentlich auch im Spiel mit dem Begriff »Drama«. So lässt sich etwa der Kommentar Jeskos zur Verhaftung seines ehemaligen Mitschülers Matuschka wegen des Konsums von kinderpornographischem Material im Netz auch als metafiktionaler Kommentar lesen: »Es könnte ein Drama sein, es könnte aber auch keines sein. Wenn es aber ein Drama ist, dann ein fettes.« (S. 37) Einen autoreflexiven Verweis beinhaltet weiterhin die Spiel-im-Spiel-Theaterszene im sechsten Bild, wo nur »im Zeitraffer« die Reaktionen von Jesko und Bettina »durch[ge]spiel[t]« (S. 16) werden; dabei kommt das Stück, das sie schauen, nicht ins Bild, vielmehr werden die beiden Zuschauenden selbst zu Protagonist*innen. Noch die Darstellung der Leichen Sandras und Jeskos nach dem finalen Unfall wird ästhetisiert, und es werden dabei explizit Kunstdiskurse aufge-

6 Thomas Melle, »Der gerade Satz. Kann Literatur wahrhaftig sein?«, in: *Frankfurter Allgemeine Zeitung*, 4. 9. 2017, S. 11.

griffen: »ein Crash wie auf den kältesten Popkunstwerken [...]. Man kennt das Bild: ewiger Kuss des Lenkrads. Landkarte aus Blut sickert aus der Schläfe. Wunderschön, wie bei Warhol.« (S. 105)

Melle spielt mit diesen und weiteren Elementen, die in der Tradition des epischen und postdramatischen Theaters stehen und mit dem bürgerlichen Illusionstheater brechen, das auf eine Einfühlung der Zuschauer*innen in die Figuren zielt. So setzt das Stück die Zuschauer*innen immer wieder durch die Einbindung erzählend gestalteter Passagen in Distanz zur Unmittelbarkeit dramatischer Darstellung.[7] Hierzu tragen auch die nicht immer eindeutig identifizierbaren bzw. klar voneinander abgrenzbaren Sprechinstanzen bei.[8] Darüber hinaus werden Sprechakte bisweilen in der indirekten Rede wiedergegeben, so dass Floskeln oder Phrasen als solche offenkundig werden (»Mit großer Betroffenheit habe man den Rücktritt des Rektors des Kollegs [...] zur Kenntnis genommen«, S. 90 f.), und es sind medial vermittelte Repräsentationen eingebunden, wie der nur vermittelt, als Video, eingespielte Suizid Konstantins (S. 96). Dennoch verfolgt das Drama einen stringenten Handlungsfaden, der zumindest anfangs Elemente eines Psychothrillers zitiert, ohne dieser Form wirklich weiter zu folgen. Es geht dem Stück auch weder um kriminalistische Spannung noch um Betroffenheit; im Gegenteil: die Zuschauer*innen und Leser*innen werden immer wieder irritiert, in Distanz zu den Figuren und zum Geschehen gesetzt, mit dem Ziel, konventionalisierte Denkmuster auf-

7 Vgl. etwa das 2., 50. und 52. Bild.
8 Vgl. etwa das 4. und das 14. Bild.

zubrechen und klischeehafte Wertungen und Wendungen als solche bloßzustellen – und das bei einem Thema, das in der öffentlichen Debatte weiterhin starke Emotionen hervorruft. Den gesellschaftlichen und medialen Hang, Missbrauchsdarstellungen besonders aufsehenerregend zu gestalten, thematisiert *Bilder von uns*; er zeigt sich etwa in der zumindest in Teilen von einem Drang nach Selbstdarstellung geprägten Empörung der Figur Maltes, der als Missbrauchsopfer in Talkshows geht und »reinen Tisch machen« (S. 82) will. Aber auch das abgeklärte, in Teilen schon fast zynische Agieren Johannes' (»Das ist eh in drei Jahren kein Thema mehr, Jesko. Du kennst die Aufmerksamkeitszyklen.«, S. 78) kann als eine Form von Selbstinszenierung gelesen werden. Gegenteilig dazu verhält sich der psychisch erkrankte und wohl drogenabhängige Konstantin, der resigniert hat (»Spielt keine Rolle mehr. Spielt alles keine Rolle mehr.«, S. 51) und sich vom Öffentlichmachen des Missbrauchs keine Reaktionen erhofft, die den eigenen Schmerz lindern könnten. Zwischen diesen drei typisierten Reaktionen der ehemaligen Schüler steht Jesko. Auch wenn er am Ende den von Malte despektierlich als »Solidarisierungsdepesche[]« (S. 93) bezeichneten Brief ehemaliger Schüler und Erziehungsberechtigter mitunterzeichnet, so tritt über weite Strecken bei ihm an die Stelle konkreter Handlungsimpulse die Reflexion der Fragwürdigkeit jedweder Form des Umgangs mit der Vergangenheit, die sich ihm als solche bereits dem verstehenden Zugriff entzieht respektive »zerdacht« (S. 7) wird.

So zeigt das Drama, dass die Figuren auch in ihrem Streben, die eigene Vergangenheit begreiflich zu machen, Inszenierungsmechanismen unterliegen, dass der Wunsch nach radikaler Aufarbeitung ebenso verständlich wie uneinlösbar ist (weil der aufklärerische Verstand auf letztlich unüberwindbare Grenzen des Verstehens stößt), dass Opferkonzepte hinterfragt werden können und es im eigenen Umgang (nicht in dem anderer!) mit Missbrauch auch ein Recht auf Verdrängung geben kann,[9] ja, dass das Begehren und seine (A-)Moral sich selbst als soziokulturell vermittelte Konstrukte erweisen.[10]

Ich, Identität und Rolle

> »Ich bin Teil des Bildes.« (S. 7)

Die Frage, warum individuell (und, davon ausgehend, auch gesellschaftlich) mit Missbrauchserfahrungen so unterschiedlich umgegangen wird, koppelt das Stück an Fragen nach der Instanz, die diese Erfahrungen verarbeitet, nach dem Ich bzw. dem, was die eigene Identität ausmacht, woraus sich diese ableitet, inwiefern sie in veränderbaren Rollen aufgeht und somit als sich selbst transparente Einheit nicht existiert. Mit diesen Reflexionen setzt der Text ein und endet er auch: Betrachtet man die beiden ersten und das letzte der Bilder, so fällt auf, dass sich keine konkrete Figur findet, die spricht; an deren Stelle treten Erzählstimmen, die sich einer klaren personalen Zuordnung verweigern. Sie kreisen darum, was das eigene Leben ausmacht(e):

9 Vgl. hierzu den Dialog zwischen Jesko und der Lehrerin im 17. Bild, S. 45–48.
10 Vgl. hierzu etwa den Monolog der Lehrerin im 36. Bild.

wer wir sind und waren; wie wir die geworden sind, die wir sind oder waren; was fiktiv, was real im eigenen Leben ist.

Anfangs ist es noch *eine* Stimme, die allerdings auch schon auf die Frage: »Was habe ich erlebt?«, in die sich der zu Beginn stehende Ausruf: »Was habe ich erlebt.« (S. 7) umgehend wandelt, nur mehr mit einer Gegenfrage antwortet, die sowohl das eigene Ich als auch die Leser*innen respektive Zuschauer*innen adressiert: »Wissen Sie, was Sie erlebt haben? Ich nicht.« (S. 7) Die im Verlauf dieses Eingangsmonologes immer weiter vorangetriebene Thematisierung der Bedingungen der Möglichkeit eigener Erfahrung und Erinnerung sowie sich hieraus ableitender Identitätskonstrukte, all die Fragen von erlittenem Leid, von Schuld und Verantwortung münden in einen sich selbst immer weiter dynamisierenden Strudel von Bildern und Gedanken, in dem das Ich keinen Halt mehr finden kann und der es hinab- (oder hinauf)zieht zu dem, was hier seinen Anfang nimmt: zum Modus des Dramatischen, des Inszenierten:

> »Ich konnte mich nie binden, und ich konnte mich nie entwickeln. Schuld war die Schule. Würden andere an meiner Stelle sagen. Ich kann solche Sätze nur wie ein Schauspieler aussprechen, als Rollenmaterial. Denn alles, woran ich mich erinnere, ist fiktiv und muss mit jeder Vergegenwärtigung neu erschaffen werden. Ist es also meine Imagination? […] Jedes Mal, wenn man aus dem Schlaf erwacht, sucht sich das Gehirn die Stücke der empirischen Person neu zusammen. Wäre reiner Zufall, wenn dabei jedes Mal das Gleiche herauskäme.« (S. 8)

Ein Ich lässt sich hinter all dem nur noch als mit wechselnden Zuschreibungen angereicherte Form, nicht als Inhalt ausmachen.

So ist es auch wenig erstaunlich, dass im folgenden zweiten Bild der Erzählfaden dieser Stimme typographisch gleichsam ausfranst, dissoziiert und auf verschiedene, jeweils neu ansetzende Erzählstimmen verteilt wird, von denen sich zumindest einzelne auch als erlebte Figurenrede Jeskos lesen lassen:

> »– […] Was war soeben geschehen?
> – Bild, Blitz, Schleudern. Und jetzt Stillstand.
> – Ja, so war es gewesen.« (S. 9)

Dabei wird *das* Foto des mehr oder weniger nackten Jesko, das ihm auf seinem Smartphone zugespielt wird, nur vermittelt über ein zweites Bild eingeführt, und zwar das des Radarblitzers, auf dem »sein unscharfes, doch erkennbar fassungsloses Gesicht beim Blick hinunter auf das Display« (S. 8) zu sehen ist. (Nimmt man das ›Bild‹ als Drameneinheit dazu, ist all dies auf metadramatischer Ebene weiterhin noch über ein drittes Bild vermittelt.) Was in dieser Szene geschieht, fassen die aneinandergereihten Begriffe »Bild, Blitz, Schleudern. Und jetzt Stillstand.« (S. 9) schließlich prägnant zusammen – und nehmen in dem erkennbar werdenden Versuch, das Geschehene zu ordnen, auch die weitere Handlung der Figur im Drama vorweg. Die Auflösung der Syntax, das Aneinanderreihen einzelner Substantive spiegelt zugleich jedoch den scheiternden Versuch einer kohärenten Erzählung und Sinngebung. Wie wenig Verlass dabei auf die eigene Wahrnehmung ist, ist auch darüber markiert, dass die ineinandergreifenden Erzählstimmen intern fokalisieren und sich als unzuverlässig erweisen.[11] Die sprachliche ›Schockstarre‹ überwinden und zu einer eigenen Stimme finden kann Jesko erst, als er sich im dritten Bild mit einem Gegenüber, der Lehrerin, in die er mitsamt der um sie gruppierten Schülergruppe fast hineingerast wäre, unterhält und so eine kommunikativ hergeleitete soziale Rolle einnimmt.

Auch das Schlussbild des Dramas setzt sich aus den Erzählfäden verschiedener Stimmen zusammen, deren Geflecht letztlich nur eines deutlich macht: Dem Verkehrstod geht jeder Sinn außerhalb der schon angesprochenen Ästhetisierung ab, es schließt sich kein Kreis mehr, kein Ich findet zumindest noch vom Ende, vom eigenen Tod her zu sich selbst zurück: »Die angeblich ablaufenden Bilder, die kurz vor dem Tod einem jeden, wie berichtet wird, vor den schockstarren Augen flirren, Bilder des eigenen Lebens, Bilder von Knotenpunkten der inneren und äußeren Biografie, sie blieben aus.« (S. 108) »[A]bgelaufen«, so setzt die nächste Stimme diesen Beitrag fort, »waren [sie] doch schon längst [...], monatelang, vor seinen und vor aller Augen.« (S. 108) Die unterschiedlichen Bedeutungen von »abgelaufen«, das sich auf die zurückliegenden Bilder des Dramas oder die zu Ende gehende Lebenszeit beziehen lässt oder auch in der Bedeutung von ›wertlos, nicht mehr gültig‹ gelesen werden kann, lassen verschiedene Deutungen dieses

11 So heißt es erst: »Er geriet nicht ins Schleudern.« (S. 9), wenig später ist dann sehr wohl von einem Schleudern die Rede (S. 9). Das folgende »Ja, so war es gewesen.« (S. 9) verweist, liest man es als erlebte Rede, dann einzig darauf, dass die Sprechinstanz an der *Illusion*, die Geschehnisse rekonstruieren zu können, festhält.

Satzes zu, die nur in der abermaligen, auch retrospektiven Verweigerung der Fest-Stellung von Identität übereinkommen. Was am Ende bleibt, sind die »ins Metall verkeilten Körper« und die 52 Bilder des Stücks, dessen Schlussworte lauten: (»Hell. CRASH.) / ENDE« (S. 108). »Hell« ist wohl nicht nur als Regieanweisung für die Bühnenbeleuchtung zu lesen, sondern beinhaltet auch einen Verweis auf eine letzte, hochgradige paradoxe Form von Aufklärung und vielleicht auch eine Anspielung auf die berühmten letzten Worte, die Goethe zugeschrieben werden: »Mehr Licht!«. Faktisch leuchtet dieses Licht hier allerdings nur noch das »ENDE«, den Tod aus, der wenig erhaben in Gestalt eines Verkehrsunglücks daherkommt; und so klingt zumindest für die Leser*innen in »Hell« schließlich auch dessen Übersetzung aus dem Englischen, die ›Hölle‹, mit an.

Indem sich das nur scheinbar mit dokumentarischer Funktion angelegte Schlussbild auch einer Aufklärung der Ursachen für die tödliche Kollision verweigert, die entscheidenden Informationen ausspart, macht es einzig deutlich: Geschehenes verweigert sich einer objektiven Darstellung und Bewertung; selbst vermeintliche Fakten sind »eigentlich nur die Möglichkeit einer Tatsache oder die Tatsache einer Möglichkeit« (S. 9). Wie im Fall der Fotos aus der eigenen Schulzeit vervielfachen die unausweichlichen Versuche, der Vergangenheit (oder auch der eigenen Gegenwart) Herr zu werden, das Ereignis immer schon, bilden medial vermittelte Re-Konstruktionen aus, die es aller Unmittelbarkeit und Authentizität berauben. Im selben Maße, wie die Vergangenheit so nur als erzählerisches Konstrukt der Gegenwart lesbar wird, erweist sich die Gegenwart ihrerseits als immer schon von imaginativ überformten Bild- und Sprachspuren, Deutungen und (Re-)Konstruktionen des Vergangenen durchzogen. Der Wunsch nach unvermittelter Präsenz, einem Aufgehen im Augenblick, scheint sich nur im Drogenrausch zu erfüllen; Sandra und Konstantin beschwören auf ihrem »Trip« (S. 57, im Original kursiviert) das von ihnen mantraartig wiederholte »Jetzt« (vgl. etwa das 20. Bild, S. 53 f., oder auch das 22. Bild, S. 57 f.), eine unvermittelte Erfahrung der eigenen Existenz: »Kein Zeichen, keine Bedeutung, nur Dasein.« (S. 57) Und doch machen schon die im Dialog aneinandergereihten »Jetzt« deutlich, dass dieses als Kontinuum nicht möglich ist – und auch das Ende, das beide Figuren nehmen, zeigt, dass eine auf Dauer gestellte Erfahrung reiner Präsenz Illusion bleibt.

Kunst, Körper und Moral

> »Doch die blinde Moral erstarrt und wird selbst zur Gefahr.« (S. 80)

Aus all dem lässt sich vieles, aber keine Relativierung des Leids derjenigen, die missbraucht wurden, ableiten, sehr wohl aber eine, zum Teil mit bewussten Provokationen arbeitende ›Ausweitung der Reflexionszone‹, die auch literarhistorische Kontextualisierungen betrifft: Gleich zu Beginn, in dem Gespräch zwischen der Lehrerin und Jesko, wird das erste Foto aus der Internatszeit in einen Bezug zu Kunstdiskursen gesetzt: »Wie hübsch und kaputt die alle sind. Dorian Gray, im Smartphone verewigt. So hübsch. Sehr hübsch, wirklich. Aber warum so kaputt?« (S. 13), fragt sich die Lehrerin, nachdem Jesko die Szene bereits verlassen hat. Dorian Gray ist die Hauptfigur des einzigen Romans, den Oskar Wilde verfasst hat: *The Picture of Dorian Gray* (1890). Er thematisiert Bezüge zwischen einer Ästhetisierung und Inszenierung des Körpers im Medium des Bildes sowie dem hiervon gesteuerten und zugleich hierauf gerichteten Begehren. So lenkt der Roman den Blick auch auf Diskurse um Schönheit und ›Unschuld‹ der Jugend und verhandelt nicht zuletzt die Fragen, welche moralischen Gebote auf dem Feld menschlichen Begehrens gelten können und was Schuld in diesem Kontext bedeutet.

Eine zweite intertextuelle Referenz weist in eine ähnliche Richtung. Wiederum ist es die Lehrerin, die zunächst – offenbar mit Blick auf Jeskos Internatsbilder – in ihrer eigenen Wahrnehmung »giftigen Kitsch« redet und von »[z]arte[m] Flaum auf weicher Haut« (S. 80) fabuliert, um wenig später auf ihre höchst ambivalente Beziehung zu Thomas Mann zu sprechen zu kommen: Ihre anfängliche Begeisterung für ihn sei, als sie ihn schließlich »verstand[en]« habe, in »größte[n] Ekel« (S. 80) gekippt. »[K]ein Stück mitgehen« könne sie bei dieser »Veredlung der niedersten Triebe, diese[r] Perversion im hohen Ton«, für die sie umgehend ein Zitat aus *Der Tod in Venedig* als Beweis anführt, in dem die Rede ist vom »heißen Erschrecken, das der Fühlende leidet, wenn sein Auge ein Gleichnis der ewigen Schönheit erblickt« (S. 80). Diese Passage aus der dem engsten Kanon der Hochliteratur zuzurechnenden Novelle eines Nobelpreisträgers bezieht sich auf das auf »ein[en] langhaarigen Knabe[n] von vielleicht vierzehn Jahren«[12] gerichtete Be-

12 Thomas Mann, *Der Tod in Venedig*, in: T. M.: *Die Erzählungen*, Frankfurt a. M. 2005, S. 436–516, hier S. 461.

gehren der Figur des hochdekorierten und althumanistisch gebildeten Schriftstellers Aschenbach. Manns Novelle verweist so ihrerseits wiederum auf Diskurse aus der griechischen Antike. Diese intertextuellen Referenzen zeigen auf, dass sexueller Missbrauch in einen umfassenderen Kontext gesetzt werden muss, als dies in den im Stück thematisierten medialen Inszenierungen oftmals geschieht. *Bilder von uns* verweigert sich einer ›Aufarbeitung‹, bei der »lediglich« – in den Worten der Figur Maltes – »ein alter Lügenkomplex […] durch einen neuen ersetzt« wird, in der optimistischen Annahme, dass dieser nun »sicherlich ein gerechterer sein« (S. 88) werde.

Bezeichnenderweise spricht Malte gerade dann nicht in eigenen Worten, sondern zitiert, als er sich am Ende des 40. Bildes der Möglichkeit bewusst wird, sich als Missbrauchsopfer öffentlich Gehör zu verschaffen und die »Deutungshoheit« über das Geschehen zu gewinnen, und zwar aus dem Prolog des Johannesevangeliums: »denn am Anfang ist immer das Wort, und das Wort ist bei der Macht, und die Macht ist das Wort. Und dieses Wort: Das ist jetzt unser.« (S. 88) So stellt das Drama alle Formen einer sich selbst ermächtigenden Sprache bloß. Dies gilt auch für die Gegenposition, die Jesko am Ende insofern vertritt, als er den schon angesprochenen Brief von Ehemaligen und Eltern mitunterzeichnet, in dem die Ungeheuerlichkeit der Taten letztlich verharmlost wird. Die Aussagen dieses Schreibens werden im 42. Bild durch die Verwendung der indirekten Rede und gezielter Wiederholungen in ihrer Phrasenhaftigkeit, die dem Geschehenen nicht gerecht wird, vorgeführt.

Dem Drang, dem erfahrenen Leid durch eine letztgültige, vermeintlich authentische Deutung der vergangenen Geschehnisse beizukommen, setzt das Stück einen ebenso künstlerischen wie künstlichen Diskurs entgegen, der gleichermaßen auf Irritation und Nichtverstehen wie auf die hieraus hervorgehende kritische Reflexion sozialer Sprach- und Identitätskonstrukte ausgerichtet ist. Die Offenlegung von Klischees und Inszenierungen richtet sich so letztlich gegen einen Missbrauch mit dem Missbrauch und weitet den Blick auf die Thematik in einer auch für die gesellschaftliche Diskussion um das Thema überaus relevanten Form.

Zu den Autoren

Thomas Melle, geb. 1975 in Bonn, studierte Vergleichende Literaturwissenschaft in Tübingen, Austin (Tx.) und Berlin. Bekanntheit erreichten sowohl seine Prosa als auch seine Theatertexte; darüber hinaus ist Melle als Übersetzer englischer Literatur tätig. 2006 war er Teilnehmer des Ingeborg-Bachmann-Wettbewerbs. Sein Roman *Sickster* war 2011 für den Deutschen Buchpreis nominiert; auf der Shortlist des Deutschen Buchpreises standen 2014 sein Roman *3000 Euro* und 2016 *Die Welt im Rücken*. Als Theaterautor machte sich Melle u. a. mit *Unheimliches Tal / Uncanny Valley* einen Namen, das in Zusammenarbeit mit Rimini Protokoll entstand und 2018 an den Münchner Kammerspielen uraufgeführt wurde. Weitere seiner Stücke wurden auf zahlreichen namhaften Bühnen inszeniert, darunter das Deutsche Theater in Berlin, die Nibelungenfestspiele in Worms, das Thalia Theater in Hamburg und das Theater Bonn. Zu den Mülheimer Theatertagen war er mit *Bilder von uns* (2016), *Versetzung* (2017) und zuletzt mit *Ode* (2019) eingeladen.

***

Carlo Brune, geb. 1970 in Duisburg, ist Professor für deutsche Literaturwissenschaft und Literaturdidaktik an der Pädagogischen Hochschule Ludwigsburg. Nach dem Studium der Germanistik, kath. Theologie und Philosophie an den Universitäten Münster, Bielefeld und Basel wurde er 2002 mit einer Arbeit zu Roland Barthes an der WWU Münster promoviert. Im Anschluss an das Zweite Staatsexamen und eine langjährige Tätigkeit als Gymnasiallehrer habilitierte er sich 2018 mit der Arbeit »Literarästhetische Literalität – Literaturvermittlung im Spannungsfeld von Kompetenzorientierung und Bildungsideal« an der Leibniz Universität Hannover. Publikations- und Forschungsschwerpunkte bilden die Literatur der Epochenumbrüche 1800 und 1900, Gegenwarts- und Popliteratur sowie die Spezifika literarischer Textrezeption und ihrer Vermittlung.

Inhalt